ペトロ文庫

教皇ヨハネ・パウロ一世
講話集

目次

I

II

お告げの祈り

III

一般謁見講話

本書は文庫オリジナルです。

文中、聖書の引用は原則として日本聖書協会『聖書 新共同訳』（二〇〇〇年版）を使用しました。ただし、漢字・仮名の表記は本文に合わせています。他の引用につきましても、用字等、一部変更を加えた箇所があることをお断りいたします。

35、72ページの写真：©Vatican Media

教皇ヨハネ・パウロ二世

教皇ヨハネ・パウロ二世講話集

カトリック中央協議会事務局　編訳

I

最初の祝福（ローマと全世界へ）

ラジオメッセージ、一九七八年八月二十七日（日）

親愛なる兄弟姉妹の皆さん、
そしてすべてのカトリック教会の愛する息子と娘たち。

神の神秘的な、そして父としての善意によって、教皇という重大な責任へと召し出され、皆さんにごあいさつ申し上げます。同時に、世界中の人々、ラジオを聞いておられるすべてのかたにごあいさついたします。福音の教えによって、わたしは皆さんを友人、そして兄弟姉妹としてお慕いしています。すべての皆さんに、健康と平和、いつくしみと愛をお祈りいたします。「主イエス・

キリストの恵み、神の愛、聖霊の交わりが、あなたがた一同とともにあるように」（二コリント13・13）。

わたしが選出されたこの偉大な使徒職を思えば、いまだに圧倒されそうになります。ペトロのように、わたしは危険な湖面に踏み出したような気がします。吹きすさぶ風に翻弄され、わたしはペトロと一緒に、主に向かって叫びました。「主よ、助けてください」（マタイ14・30）。しかしわたしは、勇気づけてくださると同時に優しく励ますキリストの声も聞きました。「信仰の薄い者よ、なぜ疑ったのか」（同14・31）。人間の力だけではこの重圧に耐えることができないのならば、たくさんの反対や対立がある中で何世紀にもわたって教会を導いてこられた全能の神の助けが、この謙虚な、新たに選ばれた神のしもべたちのしもべ（Servus servorum Dei）であるわたしに、与えられないことはないでしょう。キリストの手を握り、キリストに頼り、わたしはこの教会という船の舵棒を握りました。その船は、嵐のただ中にあっても、安定して安全です。慰めを与え支配してくださる、神の御子がともにいてくださるからです。古代の教父が大事にしたイメージについての聖アウグスティヌスのことばによれば、教会という船はキリストによって導かれているのですから、恐れることはないのです。「舟は、たとえ混乱におとし入れられることがありましても、舟なのでありますす。その舟のみが弟子たちを運ぶことができ、またそれのみがキリストを受けいれるのです。たしかに海には危険があります。しかし舟がなければいきおい直ちに滅びがあるだけであります」（「説教」*Sermo* 75, 3: PL 38, 475［茂泉昭男訳、『アウグスティヌス著作集21　共観福音書説教(1)』教文館、三二四頁］）。教会の中にのみ救いがあります。教会なしでは、人は滅びてしまいます（sine illa peritur!）。

この信仰のうちにわたしは進んでまいります。神の助けは、神の揺らぐことのない約束のとおり、わたしたちに欠けることはありません。「わたしは世の終わりまで、いつもあなたがたとともにいる」（マタイ28・20）。皆さん全員からの全面的な支持と意欲的な協力をいただけるなら、わたしの日々の務めの重荷も軽くなるでしょう。わたしは、カトリック教会の唯一性を認識しつつ、この大変な任務を担っていきます。教会のはかりしれない霊的な力が平和と秩序を保証しているので、教会は世に存在し、世によって認識されています。教会生活が日々響かせるものは、あらゆる障害にもかかわらず、教会は人々の心の中に生きている、その真理を共有しない人やそのメッセージを受け入れない人の心の中にさえ生きているとあかししています。第二バチカン公会議（その教えに対してわたしは、司祭、教師、司牧者として、その奉仕職を上げて心血を注ぎたいと思います）は次のように述べています。「この教会は、すべての地域に広められるべきものとして、人間の歴史の中に場を占めていくが、同時に、時代と民族の境界を超越したものである。誘惑と苦難を通って進む教会は、主が教会に約束した神の恵みの力に強められ、肉の弱さの中にあっても、完全な忠実さを欠くことなく、主にふさわしい花嫁としてとどまり、聖霊の働きのもとにたえず自らを新たにし、ついに十字架を経て、沈むことのない光に達する」（第二バチカン公会議『教会憲章』9）。神はその計画によって、「救いの実現者、一致と平和の本源であるイエスを信じ仰ぐ人々を招き集めて、教会を設立した。それは、教会が、すべての人一人ひとりにとって、救いをもたらす一致の目に見える秘跡となるためである」（同）。

その光のうちに、わたしは全身全霊を、教会の普遍なる使命、つまり、世に対する使命への奉仕に傾けます。それは、真理、正義、平和、調和、国家内および民族間での協力への奉仕です。とりわけ、教会の子らには、自身が担う責任への理解を深めてほしいと願います。「あなたがたは地の塩である。あなたがたは世の光である」（マタイ5・13以下）。さまざまな場面で生じる内的ないらだちを乗り越え、この世の好みや風習に迎合しようとする誘惑や安易な称賛によるる陶酔を克服してわたしたちは、教会の内的生活とともに規律の形態を形づくる愛のきずなで一つに結ばれます。ですから信者は、自分の信仰を世にあかしする準備ができていなければなりません。「あなたがたの抱いている希望について説明を要求する人には、いつでも弁明できるように備えていなさい」（一ペトロ3・15）。

教会は、今日の喫緊の問題についての責任と対処という万人の努力において、世界に「霊的力」を与えるよう求められています。この力は非常に必要とされていて、それだけで救いを確実なものにできるのです。今日、世界はそれを待ち望んでいるのです。研究や技術によって手に入れた卓越した完全性はすでにピークに達し、その先には、めまいを生じさせるほどの奈落が大きく口を開けていると、世界は分かっています。それは、神を自分自身の判断、しかも、道徳律とは切り離された判断にすり替えようとする誘惑です。それは、地球を砂漠にしてしまう、人を自動装置にしてしまう、兄弟的共存を集産主義の計画にしてしまう危険へと現代人を導きます。神がいのちを望まれるところに死を引き込むことも少なくないのです。

人類の偉業に感嘆し、愛情をもって手を差し伸べる教会は、いのちと愛とに飢え渇いた世界を、立ちはだかる脅威から守ろうともしています。福音はすべての子らに、自分の力と生そのものとを、キリストの愛の名において、兄弟姉妹への奉仕にささげるよう呼びかけています。「友のために自分のいのちを捨てること、これ以上に大きな愛はない」（ヨハネ15・13）。この厳粛な時に、わたしはキリストご自身がわたしたちに託された「兄弟たちを力づけてやりなさい」（ルカ22・32）という使命を肝に銘じ、最後の一息まで、自分のすべて、自分がなせることのすべてを、この最高の目的にささげる所存です。

キリストはわたしを助け、困難な課題に直面しているときに力を与えてくださいます。わたしの先任者たちの優しい思い出、穏やかな甘美さと果敢な強さは、教皇としてなさねばならないことの模範となります。とりわけ、ピオ十一世、ピオ十二世、ヨハネ二十三世など、最近の教皇が残してくださった司牧的統治の偉大な教訓を思い起こしています。このかたがたは知恵と献身と善、そして教会と世界への愛をもって、苦悩に満ちつつもすばらしいこの時代に、消えることのない足跡を残されました。しかし、わたしの心からの思いと尊敬とは、だれよりもわたしの直接の前任者である教皇、故パウロ六世へと向けられます。パウロ六世は、その忘れがたい教皇職に幾度も見られた預言的な行動によって世界中を驚かせましたが、その早すぎる死は、偉大でありながらも謙虚な人物のたぐいまれなる器量に正当な評価を与えることとなりました。教会はこの教皇から並々ならぬ助けを得ました。パウロ六世はこの十五年間、対立や敵意のある中で、公会議の実現と、世界平和、「秩序の静けさ（tranquiltitas ordini）」の確立のために、膨大な仕事を根気強く、たゆむことなくなし遂げました。わたしの教皇職は、ヨハネ二十三世の偉大な心によって多くの同意を得たことを受けた、パウロ六世のそれを継続しようとするものです。

――わたしが欲するのは、すなわち第二バチカン公会議の遺産を継続して実行することとです。公会議の賢明な規範は、完成へと向けられなければなりません。惜しみないものではあっても、思慮の足りない取り組みには注意すべきです。公会議の内容や意義が誤って伝えられてはなりません。同様に、おじけづき、おびえながらの努力によって、刷新といのちの壮大な推進を遅滞させてもなりません。

――わたしが欲するのは、司祭と信者の生活において、教会の偉大な教えを欠けることなく保持することとです。その歴史における豊かさは、何世紀にもわたって、福音的美徳の実践と、貧しさにある人、弱い立場に置かれた人、身を守るすべをもたない人への奉仕においての、聖性と勇敢さの模範によって確かなものとされてきました。そのためわたしは、東方教会の伝統とラテン教会の伝統に基づく、二つの教会法の見直しを最優先にします。神の子の聖なる自由の内部にあって脈打つものに、法的構造上の堅牢さ、堅固さを確かなものとするためにです。

——わたしが欲するのは、教会の第一の義務は変わることなく福音宣教であると、教会全体に思い起こさせることです。その趣旨は、前任教皇パウロ六世の記念すべき文書にまとめられています。信仰に生かされ、神のことばに養われ、天の食物である聖体に支えられて、「折がよくても悪くても」（二テモテ4・2）、あらゆる方法を探求し、あらゆる手段を模索しなければなりません。みことばの種を蒔き、メッセージを宣言し、救い——魂に真理の飽くなき探求を植えつけ、上からの助けによって支えとなる——を告知するためにです。教会のすべての子らが、不屈の福音宣教者となるすべを知っているなら、愛と真理を渇き求めるこの世に、聖性と刷新の新たな花が咲くことでしょう。

——わたしが欲するのは、引き続きエキュメニカルの分野でも取り組みを続けることです。これは、前任に至るまでの先任者たちからの必須の引き継ぎ事項だと考えています。揺るぐことのない信仰、不滅の希望、永遠の愛をもって、「すべての人を一つにしてください」（ヨハネ17・21）というキリストの大いなる命令の実現を見守ります。ゴルゴダの丘での受難の前夜に、キリストの心はこのことばに打ち震えました。さまざまな教派の教会間の相互関係は、停滞することなく驚異的な進展を遂げ、それはだれの目にも明らかなことです。しかし、この分かたれたままである状況は、キリスト者ではない人や信仰をもたない人には困惑や反発を覚えさせ、つまずきの原因となるものです。ですからわたしは、教理をゆがめることなく、しかしためらわずに一致を促進しうるあらゆる行いを、熟慮のうえ注視していきたいと思います。

——わたしが欲するのは、落ち着いた建設的な対話を、忍耐強く、くじけることなく継続していくことです。これは、深く悼まれるべき故パウロ六世が、司牧活動の基礎と計画とに据えたもので、偉大な回勅『エクレジアム・スアム』において、その主要な点が述べられています。たとえわたしたちと信仰を一にする人ではなかったとしても、人間どうし、相互に理解し合うために、いつも喜びをもって、わたしたちの信仰とキリストからゆだねられた使命とをあかししましょう。「世が信じるようになるためです」（ヨハネ17・21、フランシスコ会訳）。

――最後にわたしが欲するのは、問題を抱えた世界の平和を守り促進していく、尊敬に値するあらゆる優れた取り組みを支援することです。すべての善意の人、正義の人、誠実な人、心の正しい人に協力を呼びかけ、それぞれの国においては、破壊に終始し、破滅と死をまき散らすだけの見境のない暴力を阻止するよう求めます。また国際社会においては、人間の相互理解を活性化し、社会の発展のための取り組みに加わるよう促し、肉体の飢餓と心の無知を根絶し、財には恵まれていなくとも活力と意欲に満ちた人々の地位を向上させるよう求めます。

親愛なる兄弟姉妹と子らよ。

わたしにとって先が案じられながらも、聖なる約束によって慰められているこのときに、わたしのすべての子らにあいさつを送ります。ここに集っているすべての人の目を見つめ、抱き締め、勇気と信頼を吹き込みたいと思うとともに、わたしに対する理解と祈りを願っています。

それでは、皆さんにごあいさつ申し上げます。

――枢機卿団の皆さん。わたしたちは決定的な時間をともにしました。あなたがたは今も、そして将来にわたっても頼りとなる存在です。その賢明な助言と強固な協力とを引き続きいただけることに感謝いたします。皆さんの合意のその先に、わたしは神のご意志によって、この使徒職の頂点へと導かれました。

――神の教会のすべての司教の皆さん。皆さんは「自分の教会を代表し、すべての司教は教皇とともに平和と愛と一致のきずなによって結ばれて、全教会を代表」（『教会憲章』23）しています。そしてわたしは、その団体意識を高く評価したいと思います。定められた規範からくる権利によって参与する、シノドス的機構とローマ教皇庁の構造の双方を通しての、普遍教会の統治における皆さんの働きを支持します。

――わたしの意志の忠実な実行へと、そして、いのちの神聖さ、従順の精神、使徒職、教会への強い愛の模範にささげる栄えある活動へと招かれた、わたしの協力者である皆さん。わたしは皆さん一人ひとりを愛しています。どうか引き続き、先任の教皇がたと同様に、わたしにも力をお貸しください。皆さんの忠実さは確かなもので、その貴重な働きは、わたしにとって大いなる助けとなることを確信しています。

――ローマ教区の司祭と信者の皆さんにごあいさつ申し上げます。ペトロの座の継承と、「愛の面において指導的役割を果た（す）」（アンティオキアの聖イグナツィオ「ローマの信者への手紙」*Epistola ad Romanos*, Funk, I, 252［A・コルベジエ、渡辺高明編訳、『アンティオキアのイグナチオ――七つの手紙とその足跡』風響社、一九九四年、一二三頁］参照）ローマ司教座という唯一無二の任務とによって、わたしは皆さんと結ばれています。

――次に、わたしの出身地であるベッルーノ教区の皆さんとヴェネツィアの皆さんとに、とくにごあいさつ申し上げます。愛すべきいとしい子らとしてわたしに託された皆さんを、今心から懐かしく思っています。皆さんのすばらしい教会活動と、福音の大義にささげられた共同の力とを思い起こしています。

――そして、すべての司祭、とりわけ教区司祭、魂の直接のケアに自らをささげている教区司祭を抱きしめたく思います。彼らは往々にして、不便な環境にあったり、真の貧困の状況に置かれていたりしますが、召命の恵みと、「魂の牧者」（一ペトロ2・25）であるキリストに勇敢に従うこととに、確かな支えを得ています。

――観想会と活動会、双方の男女修道者にごあいさつ申し上げます。皆さんは、福音的理想に完全に従順であることの魅力を世界に放ち続けておられます。「教会が、自分たちを通して信者にも信者でない人にもキリストを真に、日々、よりよく示すものとなるよう熱心に努力」（『教会憲章』46）し続けてくださることを願っています。

——宣教者である教会の構成員全員に、男性にも女性にもごあいさつ申し上げます。福音宣教の最前線で、兄弟姉妹の世話に献身する皆さんに、励ましと愛を込めた称賛を送ります。わたしにとって大切な人の中で、皆さんがもっとも大切な人であることを知ってください。祈るとき、気遣いを示すときに、皆さんを忘れることはありません。わたしの心の中で、皆さんは特別な存在だからです。

——カトリック・アクションの諸団体、ならびに、社会の活性化と、パン種（マタイ13・33参照）としての「世の聖別」に、新たな力をもって貢献しているさまざまな名称の運動に、あらゆる励ましと支援とをお送りします。わたしは、皆さんの働きと聖なる位階との協力が、今日の教会にとっては不可欠であると確信しているからです。

——そして、よりよく、より健康的で、より建設的な未来への希望である、若者たちにごあいさつ申し上げます。若い皆さんが、善悪の分別を身に着け、その新鮮なエネルギーをもって、教会に活力をもたらし、世界の未来を築いてくださいますように。

――「家の教会の聖所」（第二バチカン公会議『信徒使徒職に関する教令』11）である、家庭にある皆さんにごあいさつ申し上げます。「家庭の教会」（『教会憲章』11）とはまさしく真なること（sono una vera e propria）で、そこにおいて宗教的な召命が芽生え、神聖な決断が下され、世界の未来は築かれていくのです。家庭において、いのちを蝕む快楽主義の破壊的なイデオロギーが食い止められ、寛容でバランスのとれた、共通善に献身する、脈動する力がはぐくまれますように。

――そして、現在苦しみの中にある人に、とりわけごあいさつ申し上げたいと思います。病にある人、獄にある人、亡命した人、迫害されている人、就労できずにいる人、人生を賭した厳しい闘いの中でもがいている人、カトリック信仰の実践に制約が課されて苦しむ人、つまり、自由な人間としての、意欲ある誠実な市民としての基本的権利を犠牲にしなければ、信仰を自由に宣言できない人たちです。とりわけ、ひどく苦しんでいるレバノンの地、イエスの故郷の状況、サヘル地域、多くの試練を受けたインド、そして、社会的、政治的な状況や自然災害の影響によって、厳しい貧困に苦しむすべての子どもたちと兄弟姉妹たちへ心を向けたいと思います。

世界中の兄弟姉妹の皆さん。

わたしたちは皆、世界をいっそうの公正、いっそうの安定した平和、誠実な協力のあるものへと高めていく働きに取り組んでいます。ですからわたしたちは、国々を結ぶ組織を形成するもっとも小さな社会集団から、それぞれの民族の責任ある指導者に至るまでのかたがたに対し、招くとともに懇願します。新しく、より公正で、より誠実な秩序の、効力をもった責任ある担い手となってください。

たとえ、憎しみ、流血、戦争といった邪悪な閃光が走る漆黒の闇に覆われることがあったとしても、希望の夜明けは世界を包むのです。身を低くしたキリストの代理人は、恐れながらも全き(まった)信頼のうちにその任務を始めます。全教会とすべての市民社会に自らを完全にささげ、人種やイデオロギーによる区別をせず、世界に対し、より穏やかで、より喜びに満ちた日への夜明けを確かなものとしていきます。キリストだけが、沈むことのない日を昇らせることができます。なぜなら、キリストは「義の太陽」（マラキ3・20参照）であり、主はわたしたちの働きを待ち望んでおられるからです。ですからキリストは、わたしたちを失敗させはしないのです。

　わたしの子どもたちに、祈りの助けを求めます。皆さんの祈りを頼りにしているのです。主の助けに信頼してわが身をゆだねます。主はわたしを地上におけるご自分の代理人として召されたのですから、わたしが主の全能の恵みを欠くことなどありません。使徒の元后である聖マリアが、わたしの教皇職の輝ける星でいてくださいますように。聖ペトロ、教会の礎(いしずえ)（Ecclesiae frmamentum［聖アンブロジオ『ルカ福音書注解』*Exp. Ev. sec. Lucam*, IV, 70: CSEL 32, 4, p. 175］）よ、その取り次ぎを通して、その不屈の信仰と人間の寛大さの模範によって、わたしをお助けください。聖パウロよ、地上のすべての人へのわたしの使徒的熱意をお導きください。保護の聖人たちよ、お助けください。

父と子と聖霊のみ名によって、わたしは世界に、最初の、もっとも愛情のこもった使徒的祝福を送ります。

就任ミサ説教

サンピエトロ広場、一九七八年九月三日（日）

敬愛する兄弟たち、愛する信者の皆さん。

この肩に託された教会の最高牧者の奉仕職の、始まりとなるこの厳かな祭儀の中で、永遠にして無限であられる神への賛美と祈りへ、初めに心を向けたいと思います。神は人知の及ばぬ摂理により、また、恵みの厚情をもって、聖ペトロの座にわたしを登用なさいました。使徒聖パウロのことばを思わず口にしてしまいました。「ああ、神の富と知恵と知識のなんと深いことか。だれが、神の定めを究め尽くし、神の道を理解し尽くせよう」（ローマ11・33）。

そして、キリストの教会すべてに、思いを込め、父としての愛をもってごあいさつ申し上げます。使徒の頭（かしら）の墓守を熱心に務めるこの場所に、敬虔、信仰、芸術、それらのわざにあふれたこの地に、全教会を代表して集う会衆の皆さんにごあいさつ申し上げます。ならびに、現代のメディアを通して、まさに生放送で視聴しておられる教会の皆さんにごあいさつ申し上げます。

神の民に属するすべてのかたにごあいさついたします。枢機卿、司教、修道者、宣教者、神学生、政治家や役人、教育研究者、芸術文化人、経営者、そうしたさまざまな専門分野で使徒職を果たす信徒の皆さん、家庭をもつお父さん、お母さん、従業員、出稼ぎ労働者、青少年、小さな子どもたち、闘病中のかた、貧しい人、すべての皆さん、どうぞよろしくお願いいたします。

また、敬愛の心で、兄弟姉妹としての温かなきずなで結ばれる全世界の皆さんにもごあいさつ申し上げます。同じ天の御父をもつ皆さんは、イエス・キリストにおいて兄弟姉妹です（マタイ23・8以下参照）。

（以上ラテン語、以下イタリア語）

この説教をラテン語で始めたのは、ご存じのとおりラテン語は教会の公用語だからですし、ラテン語は明白かつ実際に、普遍性と一体性を表しています。

先ほど朗読されたみことばは、預言者イザヤが新しい神殿として予見し垣見たように（イザヤ2・2参照）、さらに広がる教会の姿を伝えます。むごい戦争兵器を平和の手段とする世界の他方で、神の律法を深く知り、素直にそれを貫こうとの熱い思いに駆られて、四方から民が押し寄せる神殿です。この新しい不思議な神殿、新しい人類を引き寄せる場は、聖ペトロのことばにあるように、選ばれた、尊い、生きた石（一ペトロ2・4―9参照）、すなわちイエス・キリストを、そのかなめ石としています。イエスは使徒たちを土台にご自分の教会を設立し、彼らの頭（かしら）である幸いなペトロの上に建てました（第二バチカン公会議『教会憲章』19参照）。

「あなたはペトロ。わたしはこの岩の上にわたしの教会を建てる」（マタイ16・18）。――イエスが、フィリポ・カイサリア地方で、信仰告白をしたヨハネの子シモンに語られた、重厚で深遠なことばです。その信仰告白は、ベトサイダの漁師が人間の頭で考え出したものでも、特殊な炯眼をもっての表明でも、心理的衝動の結果だったわけでもなく、むしろ、天の御父からの、神秘的かつ唯一無二の真正な啓示の実です。イエスはシモンの名をペトロに変え、それによって特別な使命を授けました。イエスは、悪と死の力に踏みしだかれることのないご自分の教会をペトロの上に建てると約束なさり、天の国の鍵を授け、教会の最高責任者に指名し、神法のおきてを権威をもって正しく解釈する権限を授与されます。こうした特権の数々、いえむしろ、ペトロに託された、人の力を超えた務めについて、聖アウグスティヌスはこう指摘しています。「本性的には一人の人間であり、恵みによってはキリスト者であり、いっそう豊かな恵みによっては一人のしかも最初の使徒である」（『ヨハネ福音書講解説教』第一二四説教五［茂泉照男／岡野昭雄訳、『アウグスティヌス著作集25　ヨハネによる福音書講解説教(3)』教文館、一九九三年、四三六頁］参照）。

驚愕と当然の恐怖心を抱きながらも、神の恵みの力と、教会の熱心な祈りに強く支えられ、わたしは、ローマに座すペトロの後継者となり、弱いこの肩にキリストが置かれた「軛（くびき）」を負うことを受諾しました。聖エフレムが再録した、キリストがペトロにかけたことばが聞こえる思いです。「シモン、わたしの使徒よ。お前を礎（いしずえ）に聖なる教会を建てた。お前をペトロと呼んだのは、築かれたものすべてをお前が支えるからである。お前は、地上の教会を建てる者たちの最高責任者となる。……お前は、わたしの教義をくみ上げる泉の源泉となる。お前は使徒たちの頭（かしら）。……お前に、わたしの国の鍵を授けたのだ」（聖エフレム「聖週間の説教」*Sermones in hebdomadam sanctam*, 4,1）。

　教皇選出直後より、ローマの皆さんと世界中から歓喜の声を頂戴し、その温かなものに胸を熱くされ、また力づけられております。神が教会に、今再び、見える姿で頭を与えられた喜びにわく声が響いています。偉大で聖なる先任者、聖大レオがローマの信者に語った感動的なことばが心におのずとこだまします。「ペトロは、自分の座の上にあって治めることをやめず、永遠の司祭とたえずともにいる。……したがって、親愛なる諸子よ、あなたがたは今日、あるいは兄弟としての善意から、あるいは子の親への孝心からわたしに尊敬を表してくだったのであるが、あなたがたはその尊敬を、ことごとく、いっそう信心深く、より真実に、わたしとともに聖ペトロに表したのである。……わたしは、……このペトロの座に、治めるというよりはむしろ、奉仕することを喜びとしている」（聖大レオ一世「説教五」（*Sermo* V, 4-5: PL 54, 155-156〔熊谷賢二訳、『キリストの神秘――レオ一世説教全集』創文社、一九六五年、四五二―四五四頁〕）。（以下フランス語で）そうです。わたしの統治は愛に根ざす奉仕であります。こう明言することでわたしは、カトリックの司教と信者ばかりか、同じくイエス・キリストの弟子となり、神を敬い、人類のために働こうとする、すべてのかたのことを考えるのです。

その意味でわたしは、ご臨席くださった他の教会教派の代表者の皆さんにも、愛と感謝を込めてあいさつ申し上げます。完全な交わりをともにせずとも兄弟である皆さん、わたしたち皆で、キリストから求められている聖性を一つ一つ積み上げ、ともにキリスト教に必須の相互の愛に努め、信仰における一致の道に着手することで、ご一緒に救い主キリストに向かって行こうではありませんか。キリストの真理と、キリストが教会のために使徒たちと後継者にゆだねてくださった祭司職とに敬意をもって、ともに一致への道を歩んでください。

加えて、国家元首ならびに外交使節団の皆さんにも、心よりごあいさつ申し上げます。君主であれ、政府の長であれ、また国際機関の首脳であれ、皆さんのご臨席に心打たれています。厚く御礼申し上げます。こうしてご出席いただき、地上のすべての民に福音を運ぶつましい使者として、正義、友愛、連帯、希望——これらなしには、わたしたちは生きていけません——の風土を

築こうと力を尽くす聖座と教会に向けた、皆さんからの期待と信頼を見る思いです。

その身分にかかわらず、ここに集う皆さんすべてが、主の霊に従って聖座と教会に仕える用意があると確信できますように。

（以下再びイタリア語で）あなたがたの愛に包まれ、祈りに支えられて、この使徒の奉仕職を、マリアへの祈りをもって始めたいと思います。旅路を照らす星、神の母、「ローマ市民の救い（サルス・ポポリ・ロマーニ）」、「教会の母（マーテル・エクレジエ）」、典礼ではこの九月に特別に崇敬をささげているかたです。子どものころ、神学生時代、司祭になってから、司教になっても、人生を通して、細やかな優しさで支えてくださったおとめマリアよ。これからもまた、わたしの歩みを照らし導いてください。わたしを、あなたの子イエスを一心に見つめる、ペトロの声としてください。世界に対し、揺るがぬ喜びをもって、信仰告白を宣言できますように。「あなたはメシア、生ける神の子です」（マタイ16・16）。アーメン。

ローマ教区司祭団への講話

サンピエトロ大聖堂・祝福の開廊（ロッジャ）、一九七八年九月七日（木）

ここにいる司祭団を代表して述べてくださった、ローマ司教総代理の歓迎のあいさつに、心より感謝します。忘れることのできないわたしの前任者に対し、忠実に具体的に尽くしてくださったことを存じています。同じようにわたしにも、協力いただけるものと信じております。ローマ教区管理者代理、補佐司教各位、教区の各種事務局管理者の皆さん、そして教区内および管轄地区で魂の世話にあたる司祭お一人おひとりに、思いを込めてごあいさつ申し上げます。第一に小教区の主任司祭、そして協働司祭、修道者、彼らとともに働くキリスト者の家族、信者の皆さん、どうぞよろしくお願いいたします。

福音に従って

ご存じかもしれませんが、先日システィーナ礼拝堂で枢機卿団に話をした際、「司祭の生活と信者の生活で守る」べき「教会の重要な規律」について申し上げました。敬愛するわたしの前任者は、たびたびこれについて語っています。この最初の集いですから、兄弟としての親愛を込め、このことについて簡単に話をさせてください。

純粋に表面的かつ形式的な法規の遵守に限定される、「瑣末(さまつ)な」規律があります。他方、これからお話しするのは「重要な」規律についてです。これは、形式的な遵守が深い確信の実りとなり、神と親密に過ごす生活の自由で喜びに満ちた投影となって、初めて実現するものです。大修道院長ショタール（訳注：Jean-Baptiste Chautard、一八五八—一九三五年、フランスのトラピスト修道会士）が書いていますが、魂の動きについてのことです。悪い傾きを制御し、人生のいかなる状況においても、福音の原理とイエスの模範に従って判断し、行動する習慣を少しずつ身に着けようと、たえず反応し続ける魂の活動です。「悪い思いを制御する」、これが規律です。「少しずつ」という表現は、容易にはかなわず、継続的で長きにわたる努力が必要な規律であることを示しています。

「重要な」規律は、それ相応の雰囲気を求めるものです。その第一が精神の集中です。以前ミラノ駅で、柱にもたせかけた石炭袋に頭をうずめて、幸せそうに眠っている人足を見かけました。列車が汽笛を鳴らして出発し、車輪をきしませ到着しています。スピーカーは始終やかましく警告を発しています。人々はざわめき、音を立てて往来しているのに、その人は眠り続けていて、まるでこういっているかのようでした。「お前さんたちはお好きにどうぞ。でもわたしは静かにしていたいんだ」。わたしたち司祭もまた、そのようでありたいものです。周囲には、人々、新聞、ラジオ、テレビからの絶え間ない動きとことばがあふれかえっています。司祭としての節度と規律をもって、こういわなければなりません。「一定の限界を越えると、主の祭司であるわたしには、皆さんが存在しなくなります。自分の魂のために、しばらくの沈黙が必要になります。わたしの神と一つに結ばれているために、しばしの間皆さんの前からおいとまいたします」と。

自分たちの司祭は日ごろから神と結ばれていると感じていたい――、今日はそれが、多くの善良な信者の願いとなっています。アルスの司祭（訳注：聖ヨハネ・マリア・ヴィアンネ）を訪ねたリヨンの弁護士のような考え方です。「アルスに何があったのか」と問われた弁護士は、「ある男の中に神を見た」と答えました。聖大グレゴリオの考え方もまた同じです。聖人は、魂の牧者が、人を忘れることなく神と対話し、神を忘れることなく人と対話するよう望みます。さらにこうもいっています。司牧者は、神よりも人から愛されたいと望む誘惑や、人からの好意を失うことを恐れる弱さを退けなければならない。神からとがめを受けることがないようにしなければならない。「災いだ、どの手首にも呪術のひもを縫いつけ（る者たちは）」（エゼキエル13・18）。そして次のように締めくくります。「牧者は確かに、愛される存在となることを目指すべきではあるが、それは耳を傾けてもらうためであり、自益のためにそうした好意を得ようとしてはならない」（聖大グレゴリオ『司牧規則書』：*Regula Pastoralis,* 1. II, c. VIII 参照）。

司祭は皆、相応に導き手であり司牧者ではあります。ですが、部分教会の真の司牧者、すなわち司教であることの真の意味を、司祭は正しく理解しているでしょうか。最高の牧者であるイエスは、ご自分について、一方ではこういっておられます「わたしは天と地のいっさいの権能を授かっている」（マタイ28・18）。また他方では「人の子は仕えるために来た」（マタイ20・28参照）といって、ご自分の使徒たちの足を洗ってくださいました。ですからイエスにおいては、権能と奉仕は一体となってあるのです。同じことは、使徒と司教についてもいえます。アウグスティヌスはいっています。「仕えるならば、治める（Praesumus si prosmusu）」（*Miscellanea Augustiniana,* Rome 1930, t. I, p. 565）。わたしたち司教は、奉仕する者であるならば、指導する役目を果たすことができます。わたしたちの役職は、奉仕において決着するものであるなら、または奉仕の心と姿勢をもって奉仕のために用いられるのなら、正当なものなのです。ですがその司教職は、司教が受け取った権能の行使を望まなければ、欠けたものとなります。アウグスティヌスはこうもいいます。「(説教すること、導くことで) 万人に仕えぬ司教はわら製の番人 (foeneus custos)、ぶどう園に据えられた鳥避けの案山子だ」(*Ibid.*, p. 568)。そのため『教会憲章』には、「司教は、……助言、勧告、模範によって、また、権威と聖なる権能によって統治する」(第二バチカン公会議『教会憲章』27) と記されています。

司牧職

司祭職の規律のもう一つは、自分の仕事を愛することです。うまくいかないとき、理解されずに気が削がれるとき、他人の立場と比べて惨めで自信がもてないときに、仕事を好きでいたり、逃げ出さずにいたりするのは簡単ではないことは、わたしも分かります。ですがわたしたちは、主のために働いているのではないですか。修徳の霊性神学は教えています。気に掛けるべきは、だれに従うかではなく、だれのために従うかであると。さらに反省も役立ちます。わたしは二十年司教を務めてきました。しかるべき人物に、報いてあげることができずに心苦しく思ったことは、一度や二度ではありません。ですがそれは、報いとなるような役職に空きがなかったり、配置転換がうまくいかなかったり、不慮の事態でかなわなかったりしたからなのです。それに対して、聖フランシスコ・サレジオはこのようにいっています。「悩み、苦しみ、嫌気がさす、それらがない召し出しなどありません。神の願いに完全に従う人は別として、だれしも、自分の境遇を他人の境遇と変えたいと願うものです。司教である者は司教でなければよかったと考え、既婚者は独身でありたかったと、独身者は結婚していたかったと考えます。束縛されることへの一種のアレルギーや、ほかの人は自分よりいい思いをしていると邪推するよくない心からではないにしても、このような漠然とした落ち着きのない心というのは、どこから来るのでしょうか」（聖フランシスコ・サレジオ『作品集』：*Œuvres, éd. Annecy*, t. XII, pp. 348-349）。

ごく短い話で、失礼いたします。ですがあなたがたの司教となりましたので、わたしはあなたがたを心から愛します。ですから愛を込めて、あなたがたに使徒的祝福を送ります。

ローマ司教着座式ミサ説教

サン・ジョバンニ・イン・ラテラノ大聖堂、一九七八年九月二十三日（土）

司教協議会、ラテラノ大聖堂参事会、司祭団、男女修道会、そして信者の皆さんを代表しての丁寧なあいさつを頂戴し、ローマ司教総代理には心より感謝いたします。ローマ教区における、皆さんの献身と協力の意向が伝わってきました。協力の最初の具体的なあかしが、教区の信者からの多額の献金です。キリスト者の生活に不可欠な共同体という補助を欠いた郊外地区に、教会そして小教区というものを提供することができるようになります。感激です。ありがとう。

1　儀典長はこの盛儀のために、三つの聖書朗読箇所を選んでくれました。ふさわしいものを選んでくれましたので、それぞれについて話してみようと思います。

第一朗読（イザヤ60・1―6）は、ローマのことです。教皇は、この町ローマの司教であり、つまりはペトロの後継者ですから、全教会に対する権限を有していることは、皆知っていることです。イザヤが語るエルサレムは、とくにペトロのおかげで、ローマを表すもの、その前表となっています。さらにローマは、ペトロの座であり、その殉教の地、そしてカトリック教会の中心であるので、こういえます。「あなたの上には主が輝き出で、主の栄光があなたの上に現れる。国々はあなたを照らす光に向かって歩む」（イザヤ60・2―3）。聖年のときの巡礼者や、普段の巡礼者を思い起こして、預言者の声に重ね、ローマに向けて次のように語ることができます。「目を上げて、見渡すがよい。……息子たちは遠くから、娘たちは抱かれて、進んで来る。……海からの宝があなたに送られ、国々の富はあなたのもとに集まる」（同60・4、5）。これは、ローマ司教にとっても、あなたがた皆にとっても名誉なことです。ですがまた、責任でもあります。巡礼者はここで、キリスト教共同体の鑑(かがみ)を見るでしょうか。神の助けによって、わたしたち司教と信者で、先ほど読まれた箇所に続くイザヤのことばを、この地で実現できるはずです。すなわち「あなたの地は再び不法を耳にすることなく、……あなたの民は皆、主に従う者となる」（イザヤ60・18、21）。先ほど、ローマ市長のアルガン先生（訳注：Guilio Carlo Argan、一九七六―一九七九年在職、ローマ初の共産主義者の市長）から、祝賀のあいさつを頂戴しました。市長のあいさつを聞いていましたら、幼いころに母と唱えていた祈りを思い出しました。こんな祈りでした。「天に向かって叫ぶ罪は、貧しい者を虐げ、労働者が得るはずの公正な賃金を搾取することです」。それについて、小教区の要理学校で司祭からこう問われたのを思い出します。「天に向かって叫ぶ罪は、なぜ重大で深刻な罪なのでしょうか」と。そこで、ピオ十世のカテキズムを引いてこう答えました「人の愛に真っ向から反することで、何よりも醜悪なことであるため、他の罪より神の厳しい罰を招くからです」（*Catechismo di Pio X*, 154

〔東谷頴人訳、『公教要理詳解』精道教育促進協会、一九七四年、一七七頁、九六八項参照〕)。ローマが真の教会共同体となるには、あなたがたが神に栄光を帰す必要がありますが、それは単に教会に属する信者が大勢いるという事実をもってでもなく、私生活を道徳的に送っているということだけでもなく、貧しい人への愛をもって示すべきです。ローマの助祭であった聖ラウレンツィオは、次のことは教会の宝であるといっています。すなわち信者たちは、財産をひけらかしたり、無駄に浪費したり、そうであるべき共通の益となる事業に投資しないといったお金の使い方をして、辱めを与えたり傷つけたりするよりも、可能な者が手を貸すことで、貧しい人がより富を手にできるように、よりよくなるよう助け合うべきです。

2　第二朗読（ヘブライ13・7―8、15―17、20―21）は、ローマの信者にぴったりの箇所です。先ほどお伝えしたように、儀典長がこれを選んでくださいました。正直にいえば、従順について語られることには気恥ずかしさを覚えます。

今日では、個々人の権利と当局や法の権利とが対立する場合、納得していただくことは非常に困難です。ヨブ記には、軍馬の描写があります。いなごのように跳ね、鼻を鳴らし、蹄（ひづめ）で蹴り上げ、おじることなく進みます。角笛の合図があればいななき、隊長の怒号も、鬨（とき）の声も、遠くにいながらかぎつけます（ヨブ39・10―25参照）。自由の象徴です。他方、当局は慎重な騎兵のようなものです。馬に乗り、優しい声をかけるかと思えば、拍車や手綱（たづな）、鞭（むち）で巧みにさばき、馬を駆り立て、あるいはかかり気味なのを抑えて、馬を操る騎士です。馬と騎士、自由と権威――、この調和が、社会に及ぶ問題となっています。それは教会においても同様です。公会議では、『教会憲章』第四章でその問題の解決を試みています。公会議による「騎士」についての記述はこうです。「聖なる牧者たちは、信徒が全教会のためにどれほど大きく貢献しているかをよく認識している。牧者は、世界に対する教会の救いの全使命を自分だけで引き受けるためにキリストから立てられたのではなく、すべての信者がそれぞれの方法で共通の仕事に一致協力するように、彼らを牧し、彼らの奉仕と霊のたまものを認めることが、自分の崇高な務めであることを知っている」（『教会憲章』30）。さらに牧者たちは、「決定的な戦いにおいて、もっとも勝利に貢献する行動が始まるのは、時として前線からである」（同37の注118）ということを承知しています。他方「駿馬（しゅんめ）」、すなわち信徒についての公会議の記述はこうです。「教会がイエス・キリストに一致し、イエス・キリストが父に一致しているように、信者は司教に一致しなければならない」（同27）。司教と信者の双方を、騎手と馬の両者を、主が支えてくださるよう祈りましょう。ローマ教区には、兄弟姉妹のために力を尽くす多くの人がいて、たくさんのカテキスタがいて、アドバイスや協力を求められたら喜んで応じたいという人が大勢いるとうかがっています。ローマに、生き生きとした活発なキリスト教共同体を築こうとするわたしたち皆を、主が支えてくださいますように。『教会憲章』の第四章を引用したのは、意味があってのことです。「教会の交わり」についての章だからです。もっとも、ここまで語ってきたことは、とりわけ信徒に関することです。司祭、男女修道者には、誓願によって、また従順の約束によって拘束される、固有の立場があります。わたしは、経験してきたいくつかの厳粛な場面の中で、司教の手の上に自分の手を重ねたときのことを思い出します。「約束いたします」、そう申し上げたときのことです。その瞬間からわたしは、全生涯をささげる覚悟をもちました。そのときのことを、さして重要ではない、儀礼にすぎないと考えたことはありません。ローマ教区の司祭たちにも、同じように考えてくださるよう願います。聖フランシスコ・サレジオは、司祭や修道者に対して、主に近づきたいと熱く願いつつも、主から離れた荒野に暮らした洗礼者聖ヨハネの模範を忘れるなといいます。なぜでしょうか。従順の模範です。この聖人はこういっています。「彼は知っていました。従順を欠いて主を得ようとすることは、そのかたを失うということであると」（聖フランシスコ・サレジオ『作品集』：*Œuvres*, éd. Annecy, 1896, p. 321）。

3　第三朗読（マタイ28・16―20）は、ローマ司教にその務めを思い出させてくれます。第一は「教える」ことであり、神と聞き手とに忠実に、謙虚に、しかしためらわず大胆に、主のことばを伝えることです。先任のローマ司教には、教会博士が二人おれらます。アッティラに勝利した聖レオと、聖大グレゴリオです。前者の著作には、実に優れた神学思想があり、優美なラテン語の才が見て取れます。わたしはその足元にも及びません。

後者は、その著作が述べているように、「わが子に教え、子らの永遠の救いを案じていると伝える父」(I. Schuster, *Liber Sacramentorum*, voi. 1, Torino 1920, p.46) です。わたしは、「適性 (qualiter doceat)」、つまり牧者はいかに教えるべきかというテーマに、自著『司牧規則書』の三編を充てた (訳注：全四編)、聖大グレゴリオに倣おうと思います。グレゴリオは全四十章にわたって、聞き手の社会的立場、年齢、健康状態、道徳的資質など、さまざまな状況に応じた具体的指導方法を多様に示しています。貧しい人と富める人、明るい性格とネガティブ思考、上役と下役、学のある人とない人、無遠慮な人と内気な人など、すべてがそこに描かれており、まるでヨシャファトの谷です。第二バチカン公会議では、「司牧的」と呼ばれることになる、一見新しく見えるものが登場しました。司牧者に対する教えというよりも、人間の必要とするもの、不安、希望に向き合っていくために司牧者が実践していることについてです。そうした「新しいもの」を、グレゴリオは数百年も前に、教話と教会運営によって実行していました。

二つ目の務めは、「洗礼を授ける」ということばで表されますが、諸秘跡に、また典礼全体にかかわります。ローマ教区は、イタリア司教協議会の「福音宣教と秘跡」というプログラムに沿って活動しています。福音宣教、諸秘跡、聖なる生活、これらは各人の旅路にある三つの場面です。福音宣教は秘跡の準備となり、秘跡はそれを受けた者がキリスト者らしく生きるよう導くものです。このすばらしい理解が、より広く浸透していくことを願っています。さらにローマには、調和を欠いた「創造性」を施すことなく、典礼が敬虔に執り行われることにおいて、よい模範を示してくださることを期待します。典礼関係のいくつかの誤用は、その反応からも、持続性なく福音にそぐわない状態を招く事態となります。わたしは愛と期待を込めて、皆さん一人ひとりの、神と教会に対する責任感に訴え、典礼に関する逸脱を一つ一つ丁寧に避けられるようにしたいと思っています。

さてここから、司教の務めの最後の「守るよう教える」ことについてお話しします。導き、治める奉仕、ディアコニア（diakonia）です。わたしは二十年にわたり、ヴィットリオ・ヴェネトとヴェネツィアの司教を務めてまいりましたが、まだ「この仕事に慣れた」とはいえません。ローマ教区では、聖大グレゴリオに倣いたいと思います。彼はこうつづっています。「（司牧者は）あわれみをもって、一人ひとりの民に寄り添いなさい。自身の地位にこだわらず、善良な民と等しい者となり、しかしながら、悪しきことに対してはその権威を行使することを恐れてはならない。そして忘れてはならない。民は皆、行ったよいことを天に積み上げるものの、犯した悪事ゆえに自分をとがめ立てることはしない。人は己の悪徳を戒める際、自分が兄弟姉妹を正そうとする場合とはまるで異なり、謙虚に自覚しようとはしない。人に対する自分の行動を罰しないいまでいるならば、神に対しいっそうの負い目を覚えるだろう」（聖大グレゴリオ『司牧規則書』：*Regula Pastoralis*, Pars Secunda, cc. 5 et 6 passim）。

この辺りで、三つの朗読箇所の講釈を終えます。一つだけ付け加えておきます。だれかのためによい行いをするには、まずその人を愛さなければならない――。これは神のおきてです。だから聖ピオ十世は、ヴェネツィアの総大司教となった際、サンマルコでこう叫んだのです。「ヴェネツィアの民よ。あなたがたを愛していなければ、わたしはこの座にいたでしょうか」。同じことをわたしも申し上げます。ローマの皆さん、約束いたします。あなたがたを愛します。皆さんへの奉仕に加わることだけが望みです。わたしにあるもの、またわたし自身が、いかに小さなものであろうとも、この弱い力を、皆のためにささげてまいります。

Ⅱ

お告げの祈り

一九七八年八月二十七日（日）

昨日の朝、落ち着いて投票しようと、システィーナ礼拝堂へ行きました。そのときは、まさかこのようなことになるとはまったく想像もしませんでした。わたしにとっての危機が始まるや否や、近くにいた同僚二人が勇気づけることばをささやいてくれました。一人は、「勇気を出せ。主が重荷をお与えになるなら、運ぶ力も与えてくださる」といいました。もう一人は、「恐れるな。新しい教皇のために祈ってくれている人が世界中にたくさんいる」といいました。そのときが訪れ、わたしは受け入れました。

次に、名前の問題が出てきました。先ほどの二人が、どんな名前にしたいのかと聞いてきたのですが、そんなことは、まったく考えていませんでした。そこで、次のように考えました。教皇ヨハネ二十三世が、サンピエトロ大聖堂でわたしを司教に任命することを決定され、そして、ふさわしくないわたしであったにもかかわらず、ヴェネツィアでサンマルコの司教座をヨハネ二十三世から引き継ぎました。今でもヨハネ二十三世への思いで満ちているあのヴェネツィアでのことです。ゴンドラの船頭からシスターたちまで、だれもがヨハネ二十三世をしのんでいます。

それから、教皇パウロ六世はわたしを枢機卿にしてくださっただけでなく、その何か月か前に、サンマルコ広場に敷かれた歩道の上で、二万人を前に、わたしを真っ赤にさせるようなことをなさいました。というのも、ご自分のストラを外し、わたしの肩に掛けてくださったのです（訳注：一九七二年、国際聖体大会閉幕式のためアクイレイアに向かう途上、教皇パウロ六世がヴェネツィアに立ち寄った際に起きた出来事。あとがき参照）。これほどまで赤面したことは過去にありません。

さらに、在位十五年の間にパウロ六世教皇は、単にわたしばかりでなく世界中に、キリストの教会をどう愛したらよいか、教会のためにどう奉仕したらよいか、どう力を尽くせばよいか、またどう苦しんだらよいかを示してくださいました。

以上の理由から、「わたしをヨハネ・パウロと呼んでほしい」といいました。わたしにはヨハネ二十三世教皇の「心の英知」も、パウロ六世教皇の心構えや教養もありません。ですが、お二人と同じ立場になりましたので、教会に仕えるよう力を尽くさなければなりません。皆さんの祈りで、どうかわたしを支えてください。

一九七八年九月三日（日）

イタリア北東部のヴェネト州で、こんなことばを聞きました。「優れた泥棒は皆、崇敬の念をもっている」。教皇もたくさんの崇敬の念をもっていますが、なかでも、今日がその記念日にあたる、教皇聖大グレゴリオを崇敬しています。ヴェネト州のベッルーノ県では、聖大グレゴリオに敬意を表して、神学校はグレゴリアンと呼ばれます。わたしはそこで、七年間を生徒として、二十年間を教師として過ごしました。偶然にも今日の九月三日、聖大グレゴリオは教皇に選ばれ、わたしは公式に普遍教会への奉仕を始めました。聖グレゴリオはローマ人で、ローマ市の長官になりました。その後、すべてを貧しい人々に差し出して修道会に入り、教皇の秘書となりました。教皇の死にあたり、聖大グレゴリオは教皇に選出されましたが、それを受け入れることを渋りました。そこで、皇帝と国民が間に入り、ついには教皇職を受け入れました。その際、友人のセビリアの司教レアンドロ（訳注：Leandro de Sevilla、五四九以前―五九九年頃、聖イシドロ司教教会博士の兄である聖人）にあてて「話すよりも泣きたい気分だ」と書いています。また、皇帝の妹には「皇帝は、サルをライオンにしたがっておられる」と書き記しました。当時でさえ、教皇職を受けるのは大変なことであったのが分かるでしょう。聖大グレゴリオは、貧しい人々にとても親切でしたし、イングランドをキリスト教国にしました。

特筆すべきは、すばらしい本を何冊も書いたことです。その一冊が『司牧規則書』です。この本は、司教たちに司教職について教えていますが、最後の部分にはこうつづられています。「わたしはよき牧者について書いてきましたが、わたし自身はそうではありません。ただ単に、たどり着くべき完璧な岸を示したのです。個人的には、今でも自分の弱さや欠点という荒波に翻弄（ほんろう）されています」。そして「ですから、どうか遭難しないように、皆さんの祈りのうちに救命板を投げ入れてください」と続きます。わたしも同じことをいいたいと思います。けれども、祈りを求めているのは教皇だけではありません。世界も祈りを求めています。スペインの作家は、こう書いています。「世界は間違った方向へ進んでいる。祈りよりも戦争のほうが多いからだ」。たくさん祈って、戦争が減るようがんばりましょう。

一九七八年九月十日（日）

アメリカのキャンプ・デービッドで、カーター（アメリカ）大統領、サダト（エジプト）大統領、ベギン（イスラエル）首相が、中東の和平に向けて話し合いを続けています（訳注：九月五日から十七日にかけて、カーター大統領が仲介者となり、サダト大統領とベギン首相をメリーランド州の大統領山荘に招待して行われた会談。これにより、エジプト、イスラエル間の国交樹立となるキャンプ・デービッド合意が交わされた）。だれもが平和に飢え渇いています。とくに、混沌とした戦時に、より犠牲を強いられ、苦しむことになる貧しい人々にとってはそうです。ですから、このキャンプ・デービッドでの会談を、皆、関心と希望をもって見つめています。主がこの指導者たちの努力を助けてくださるよう、教皇も祈りましたし、人々にも祈ってもらいました。また、今でも祈り続けています。この三人の指導者たちの、主への希望を公に祈りで表したいとの望みに、とても感動しています。サダト大統領の宗教における兄弟たちは、いつもこう祈っています。

「真っ暗な夜の中、黒い石があり、その上に小さなアリがいる。しかし神にはアリがお見えになり、そのアリのことをお忘れにならない」（訳注：クルアーンの中にこのような文言はなく、これはアラブのことわざ）。敬虔なキリスト教徒のカーター大統領は、次の福音箇所を読んでいます。「門をたたきなさい。そうすれば、開かれる。だれでも、求める者は受け（る）。あなたがたの髪の毛までも一本残らず数えられている」（マタイ7・7―8、10・30）。そして、ベギン首相は、ユダヤの人々がかつて困難を経験した際、嘆きのあまり主によりすがり「主はわたしを見捨てられた、わたしの主はわたしを忘れられた」と不満を口にしたのを思い起こしています。神はそれに、預言者イザヤのことばを通して、こうこたえられました。「女が自分の乳飲み子を忘れるであろうか。母親が自分の産んだ子をあわれまないであろうか。たとえ、女たちが忘れようとも、わたしがあなたを忘れることは決してない」（訳注：イザヤ・49・15）。

ここにいるわたしたちも、同じ感情を抱いています。神にとって、わたしたちは尽きることのない愛の対象です。暗い状況にあっても、神はいつもわたしたちに目を向けておられることを、わたしたちは知っています。神はわたしたちの父であり、もっといえば母でもあるのです。ですから、わたしたちを傷つけたいとは思っておられず、わたしたち一人ひとりに、よいようにしたいとだけ望まれています。子どもは病気になれば、母親から愛される権利をさらに得るのです。わたしたちも同じです。もし悪に打ちのめされたり、進むべき道を誤ったりするようなことがあったとしたら、いっそう主から愛されるようになるのです。

このような気持ちを込めて、わたしたち一人ひとりのために、また、中東とイラン、ひいては全世界のために、教皇とともに祈ってください。

一九七八年九月十七日（日）

来週の火曜日には、千二百万人近くの若者が（新学期を迎えて）学校に戻ります。先生と生徒の両方に教皇が心からの思いを伝えることが、出過ぎた行為としてペディーニ大臣（訳注：Mario Pedini、一九一八―二〇〇三年、当時のイタリアの教育・大学大臣）の仕事を奪い取ることになりませんように。

イタリアの先生たちは、学校への愛と献身の、伝統的な手本をもっています。ジョズエ・カルドゥッチ（訳注：Giosuè Carducci、一八三五―一九〇七年、イタリアの詩人、教師、古典文学者、上院議員。一九〇六年にノーベル文学賞受賞。ローマ・カトリック教会に批判的な論客として知られる）は、ボローニャ大学の教授でした。祝宴のため、彼はフィレンツェに行ったことがあります。晩になって、彼は教育大臣に暇乞い（いとまごい）に行きました。大臣はいいました。「だめです。明日も引き続き当地に滞在してください」。「閣下、無理です。明日は大学で授業があり、学生たちがわたしを待っています」。「その務めをわたしが免除します」。「閣下はそれを免除できます。ですが、わたしは自分にそれを許しません」。カルドゥッチ教授は、学校と学生の双方に対して、とても高い意識をもっていました。彼は、こんなこともいう人でした。「ジョンにラテン語を教えるには、ラテン語を知っているだけでは足りません。ジョンのことを理解し、愛さなければならないのです」。さらに彼はいいます。「準備には、授業自体と同等の価値があります」。

小学生の皆さんは、皆さんの友達であるピノッキオのことを思い出してください。学校をさぼって人形芝居を観に行ったピノッキオのことではありません。そうではなくて、学校が好きになって、一年を通してクラスでだれよりも早く登校して、いちばん最後に下校していたピノッキオのことです。

ですが、わたしの心からの思いは、中学生、そしてとりわけ高校生へと向けられるものです。彼らは、当座の学校での問題だけでなく、卒業後の問題を抱えています。今日のイタリアや世界の国々では、中学校や大学に進学したいと思う人には広く門戸が開かれています。しかし、卒業証書や学位を得て卒業すると、そこにはきわめて狭い戸口しかありません。仕事を見つけることもできず、結婚もできません。これは、現代社会が真に考究して解決しなければならない問題です。

教皇であるわたしも、中学校、高校、大学の学生でした。わたしの頭には、青春の時間と所属教会のことしかありませんでした。「君は教皇になるだろう」、そんなことをいってくれる人はいませんでした。ああ、だれかがそれをいってくれていたなら──。もっと勉強して、もっと準備したのに──。今では歳を取ってしまい、そんな余裕はありません。

しかし皆さん、勉学に励む愛する若者の皆さん。皆さんは青春真っただ中で、時間もあり、若さ、健康、記憶力、才知も備えているのです。それらをフルに活用してください。明日の指導者層が、皆さんの学校から輩出されようとしています。皆さんのうちの幾人もが、大臣、代議士、上院議員、市長、評議員、さらにはエンジニアになったり重要ポストに就いたりなどして、社会的地位を得ることになります。そして今日では、社会的地位を占めるものは皆、しかるべき能力を備えていなければならず、ふさわしく自分を準備しなければならないのです。

ナポレオンを打ち破ったウェリントン将軍は、イングランドに戻って、自らが学び訓練を受けた軍事学校で、士官候補生たちにこういってあげたいと思っていました。「見なさい、ここにいるのがワーテルローの戦いの覇者なのです」。そして、わたしも皆さんに、愛する若者の皆さんにいいましょう。あなたは人生の途上、三十代、四十代、五十代のときに、闘うことになるでしょう。あなたがそれに勝利したいのなら、今、スタートしなければなりません。今、準備を始めるのです。今、勉学にいそしまなければならないのです。
教皇であるわたしと同じ愛情と気遣いをもって学校のことを考えている、先生、生徒、そして家族の皆さんに、主の御助けを祈りましょう。

一九七八年九月二十四日（日）

昨夕、サン・ジョバンニ・イン・ラテラノ大聖堂へ行きました。ローマの皆さん、ローマ市長、イタリア政府高官の皆さんのおかげで、楽しい時を過ごしました。それとは逆に、数日前の新聞で、ローマの学生が些細（ささい）な理由から無残にも殺害されたという記事を読んだのは、悲しく、つらいことでした。これは、わたしたちの悲しむべき不安な社会を絶え間なく悩ませている多くの暴力事件の一つです（訳注：「三人の教皇の年」といわれた一九七八年は、イタリアにとって政治的にも、その他の意味でも混乱の年であり、いくつもの凶悪な殺人事件が起き、民主主義の危機が叫ばれた。教皇が触れている事件は、十七歳の高校生ジョヴァンニ・ラッタンツィオが、九月二十一日の朝に通学のバスの中で同年齢の若者二人に「足を踏まれた」と因縁をつけられ、降車後に殺害された事件。被害者が通っていた学校には、その後彼の名が冠せられ、追悼の集会は今でも開かれている）。

三か月前に誘拐された七歳の男の子ルカ・ロッチ君の事件が、ここ数日あらためて話題になっています（訳注：六月二十六日にサルデーニャ島で起きた事件。ルカ少年は自宅前で誘拐された。その後父親が身代金の支払いに応じ、九十三日後に解放された）。「わたしたちは腐り切った、まったくもって不道徳な社会にいる」、そういう人もいます。ですが、そんなことはありません。善良な人も正直な人も、まだまだたくさんいます。そうではなくて、この社会を改善していくために何をすべきなのか。わたしはこういいます。――わたしたち一人ひとりが善良であるよう努め、キリストに教えていただいた柔和と愛がしみ込んだ善良さで他者を感化させようではないですか。キリストの黄金律はこうです。「自分が嫌なことは、ほかのだれにもしてはならない。人にしてもらいたいと思うことを、人にもしなさい。わたしは柔和で謙遜な者だから、わたしに学びなさい」。そして、キリストはいつも与えました。十字架につけられても、ご自分を十字架にかけた人々をゆるされただけでなく、彼らについて釈明なさいました。「父よ、彼らをおゆるしください。自分が何をしているのか知らないのです」。これこそがキリスト者です。このような思いは、社会にとって大いなる助けとなるでしょう。

今年は、カトリックの偉大な作家、ジョルジュ・ベルナノス（訳注：Georges Bernanos、一八八八―一九四八年、フランスの作家、思想家）の没後三十年に当たります。有名な著作の一つに『カルメル会修道女の対話（*Dialogues des carmélites*）』（訳注：邦訳は岩瀬隆［『ジョルジュ・ベルナノス著作集3』春秋社、一九七九年］、柳朋子［教友社、二〇一五年」など）があります。この作品はベルナノスの死から一年ののちに出版されました。彼は、ドイツの作家、ゲルトルート・フォン・ル・フォール（訳注：Gertrud von Le Fort、一八七六―一九七一年、ドイツの作家。『カルメル会修道女の対話』の基となった小説は *Die Letzte am Schafott*。邦訳は小林珍雄『断頭台下の最後の女』〔『現代カトリック文芸叢書V』甲鳥書林、一九四二年〕、前田敬作、船山幸哉『断頭台の最後の女』〔『ル・フォール著作集3』教友社、二〇一二年」など）の小説を基に、この作品を作り上げました。戯曲として構成したのです。

本作は、舞台で上演されました。また、ミュージカル映画となって、全世界で上映されました。ですから、よく知られています。さらには、史実に基づいた作でもあるのです。一九〇六年に聖ピオ十世はここローマで、フランス革命当時に殉教したコンピエーニュのカルメル会修道女十六人を列福しています。裁判で彼女たちには、「狂信による死刑」との判決が下されました。一人の修道女が率直に、「裁判官、狂信とはどういう意味ですか」と尋ねました。裁判官は「宗教に属するというあなたたちの愚かさのことだ」と答えました。すると、その修道女は「まあ、姉妹たち、聞かれましたか。わたしたちは、信仰への愛ゆえに非難されています。イエス・キリストのためにいのちを奪われるのは、何と幸いなことでしょう」とこたえたのです。修道女たちはコンシェルジュリー（牢獄）から引き出され、死へと向かう荷馬車に乗せられました。道すがら、修道女たちは讃美歌を歌いました。ギロチン台に着くと、次々に修道院長の前にひざまずき、従順の誓いを新たに立てました。そして、「来たり給え、創造主なる聖霊よ」を歌い始めました。しかし、その歌声は、哀れな修道女たちの首が、ギロチン台で一人ずつはねられるにつれて、徐々に弱まっていきました。院長の聖アウグスティヌスのテレサ修道女は最後の一人でした。テレサの最後のことばは「愛は必ず勝利します。愛に不可能はありません」でした。このことばに間違いはありません。暴力がすべてを打破するのではありません。愛こそがすべてをなすのです。

隣人愛の新たな高まりが、この哀れな世に充満するよう、主に恵みを願いましょう。

Ⅲ

一般謁見講話　謙遜という尊い美徳

一九七八年九月六日（水）

わたしの右と左には、枢機卿と司教たちがいます。司教団としての兄弟たちです。わたしはただ彼らの兄というだけです。枢機卿と司教たちに、また彼らの教区の皆さんに、愛情を込めてあいさつを送ります。

ほんの一か月前、教皇パウロ六世がカステル・ガンドルフォで亡くなりました。十五年にわたり、教会に大変力を尽くしてくださいました。その業績はすでにいくつかは表れていますが、今後さらに顕著になると思います。毎週水曜日に、パウロ六世はここに来られ人々に語られました。一九七七年のシノドスの際、幾人かの司教が「パウロ六世の水曜日の講話は、現代に適した真のカテケージスだ」といっていました。わたしも人々がよりよくなっていく手助けができればと願い、パウロ六世に倣いたいと思います。しかしながら、よくなるには、神、隣人、そして自分自身の前で正しくなければなりません。神のみ前で正しいのは、アブラハムの姿です。アブラハムはいいます。「あなたの前では、わたしは塵あくたにすぎません、主よ！」。神のみ前では、小さなものにすぎないのだと感じなければなりません。「主よ、私は信じます」というとき、母親の前にいる子どものような気持ちになることを恥ずかしくは思いません。自分の母親を信じているように、主を、そして、主が示してくださったことを信じているのです。おきてはもう少し難しいもので、守るのが困難なときもあるでしょう。けれども、神がわたしたちにおきてを与えられたのは、気まぐれでもなければ、ご自身のためでもありません。ただただわたしたちのために与えてくださったのです。あるとき、ある人が車を買いに代理店へと行きました。店は男にはっきりと伝えました。「見てください。優れた性能の車です。ただきちんと扱うことを覚えておいてください。ガソリンはハイオクを、ジョイント部分には上質のオイルを使ってください」。しかし、その人はいいます。「えっ、それはだめだ。いっておくが、わたしはガソリンやオイルの臭いだけでも耐えられない。代わりにガソリンタンクには大好きなシャンパンを入れるつもりだ。ジョイント部分にはジャムを塗るよ」。「お好きにどうぞ。でも、車が溝にはまってしまっても文句をいいには来ないでください」。主は、これと似たことをわたしたちになさっているのです。神はわたしたちに、知的な魂と善意によって躍動するこの身体を与えてくださいました。神はおっしゃいます。「この車は優れたものです。けれども丁寧に扱いなさい」と。

次のようなおきてがあります。父母を敬いなさい、殺してはならない、怒ってはならない、穏やかでありなさい、嘘をついてはならない、盗んではならない、などです。このおきてを守れるならば、わたしたちはよりよくなり、世界もよりよくなるでしょう。それから、隣人に関するおきてもあります。隣人には三つの基準があります。自分よりも上に位置する人、自分と同じ立場の人、自分よりも小さくされた人です。上に位置するのは両親です。カテキズムは、両親を敬い、愛し、従えと教えています。教皇は子どもたちに、両親への尊敬と従順を教えなければなりません。今日ここに、マルタの少年聖歌隊の子どもたちが来ていると聞いています。その中から一人こちらに来てくれますか。このマルタの少年聖歌隊は、一か月の間、サンピエトロ大聖堂で奉仕してくださいました。――さて、あなたのお名前は何ですか。「ジェームスです」。――ジェームス、君は病気になったことはあるかい。「ありません」。――一度もないの。「ありません」。――病気になったことがないの。「はい、ありません」。――熱が出たこともないの。「ありません」。――そうかい、なんて君は幸運なんだ。じゃあ、子どもが病気になったら、スープや薬をもってきてくれるのはだれかな。その子のお母さんじゃないかな。そうだよね。それから大きくなって、君のお母さんは歳を取り、君は立派な紳士になるけれど、お母さんはかわいそうに、病気でベッドに寝ているかもしれない。そうだね。じゃあそうなったときに、お母さんにミルクと薬をもっていってあげるのはだれだい？　どう思う？「僕と僕の兄弟」。――さすがです。「自分と兄弟たち」、そういったね。

お見事です。分かりましたか。

けれども、必ずしもこうはならないのです。ヴェネツィアの司教であったころ、わたしはときどき介護ホームを訪問しました。あるとき、病気の老婦人と会いました。「お加減はいかがですか」。「いいですよ。食事もおいしくいただいています。暖かさ？　暖房？　はい満足です」。「では、満ち足りておられますか」。「いいえ」。婦人は泣き出さんばかりでした。「なぜ泣くのですか」。「嫁も息子も、全然会いに来てくれません。孫に会いたいのです」。暖房と食べ物だけではだめなのです。心が必要なのです。高齢の心について、わたしたちは考えなければなりません。両親は敬われ、愛されなければならないと主はおっしゃいました。年老いたとしても、です。両親だけでなく、国家もあれば上長もいます。教皇が従順を勧めてもよいですか。偉大なボシュエ司教（訳注：Jacques-Bénigne Bossuet、一六二七—一七〇四年、フランスの司教、神学者）は書いています。「だれも指揮をとらないところでは、だれもが指揮をする。全員が指揮をとれば、もうだれも指揮をしなくなり、混乱だけが残る」。この世界でも、ときどき同じようなことが見られます。ですから、目上の人を尊敬しましょう。

次に、わたしたちと同じ立場の人がいます。ここでは、通常、守るべき二つの徳、すなわち正義と愛があります。愛は正義の本質です。ですから、主が何度もおっしゃったように、わたしたちは隣人を愛さなければなりません。わたしはいつも、大きな愛のわざだけでなく、小さな愛のわざも行うよう勧めています。アメリカ人のカーネギー（訳注：Dale Breckenridge Carnegie、一八八八―一九五五年。アメリカの作家、対人関係などのスキルを学ぶコースの開発者）が書いた『人を動かす』（訳注：邦訳多数、原題 *How to Stop Worrying and Start Living*）という本で、こんなささやかなエピソードを読みました。ある女性に、夫、兄弟、成人した二人の息子という、四人の男性の家族がいました。彼女は一人で、買い物に洗濯にアイロンがけに食事の準備、それらすべてをしなければなりませんでした。とある日曜日、彼らが家に戻ると、テーブルには夕食の準備がしてありました。ところがお皿の上には、わずかな干し草があるだけです。「なんだこれは」。四人は抗議していいました。「こりゃ、干し草じゃないか」。女性はこたえていいました。「いいえ、すべて準備しました。いわせていただきますが、わたしはあなたがたの食事の準備をし、掃除や洗濯もして、すべてやっています。それでもあなたたちは、「おいしかったよ」なんて一度もいってはくれません。何かいってください。わたしは石じゃないんですよ」。人は認められれば、より意欲的に働けるようになるのです。それはささやかな愛のわざです。家庭には、感謝のことばを待っている人がいるのです。

わたしたちよりも小さくされた人もいます。子どももいれば、病気の人、罪人もいます。わたしは司教として、神を信じない人とも親しくしてきました。その人たちは多くの場合、神とではなく、神への間違った考えと戦っているのだと、わたしは考えるようになりました。人はどれほどいつくしみ深くなければならないことか。そして、間違いを犯した人であっても、真実、自分自身としっかり向き合わなければならないのです。主にとってとても大切な美徳だけをお勧めします。主は、「わたしは柔和で謙遜な者だから、わたしに学びなさい」とおっしゃいました。間違ったことをいうことになる危険がありますが、こう申し上げます。主は謙遜をとても愛されていますから、時には深刻な罪をもゆるされます。なぜでしょう。そのような罪を犯した人が、罪を悔い改めた後、謙遜であるためにではないでしょうか。重大な罪を犯したのだと分かれば、自分を半分聖人だとか、半分天使だなどとは思いはしないでしょう。謙虚であるように――、主は何度もそう教えておられます。たとえ偉大なことをなし遂げたとしても、「わたしたちは、取るに足りないしもべです」といいましょう。ところがわたしたちは、逆の態度をとりがちです。見せびらかしてしまうのです。身を低くしましょう。謙虚になるのです。それこそ、わたしたちキリスト者の美徳なのです。

＊＊＊

新婚カップルの皆さんへ。
家庭とはすばらしいものですから、新婚夫婦の存在にはとりわけ心動かされます。かつてわたしは新聞に文章を書き、フランスの著述家モンテーニュ（訳注：Michel Eyquem de Montaigne、一五三三―一五九二年、ルネサンス期フランスの代表的なモラリスト）のことばを引用して、独りよがりな冗談をいいました。彼はいっています。「結婚に関しては、鳥かごと同じようなことが生じているのだ。かごの外にいる鳥は、中に入ることをあきらめているし、中にいる鳥は、出ようとしてもがいている」（宮下志朗訳、『エセー6』白水社、二〇一四年、一三八頁）。これはいけません。だめです、だめ。数日後、著作もある昔の指導教官から手紙を受け取り、こう叱られました。「猊下、モンテーニュを引用したのは間違いです。わたしと妻とは六十年連れ添っていますが、毎日新婚のようです」。あるフランスの詩人のことばを、フランス語のものですがイタリア語で紹介します。「わたしは日ごと、いっそうあなたを愛しています。昨日よりも今日、明日はさらにいっそうです」（訳注：ロスモンド・ジェラール Rosemonde Gérard［一八七一―一九五三年］、「永遠の歌（*L'éternelle chanson*）」）。皆さんもまた、そうでありますように。

一般謁見講話　信仰を生きる

一九七八年九月十三日（水）

わたしの最初のごあいさつを、ここにおられる多くの同僚の司教に送ります。ヨハネ二十三世は、すでに出版された記録集の中で、「今回、聖化の七つのともしびについて瞑想しました」といっておられます。信仰、希望、愛、賢明、正義、勇気、節制という七つの徳のことです。現代のみすぼらしい教皇が、これら七つのともしびの少なくとも一つ、つまり最初の信仰について説明するのを聖霊が助けてくださるでしょうか。ここローマに、信仰について語ろうとしたトリルッサという詩人がいました（訳注：Trilussa 本名 Carlo Alberto Camillo Mariano Salustri、一八七一―一九五〇年）。彼のある詩にはこう書かれています。「わたしが出会った盲いた老女／森の中で道に迷ったその夜／彼女はいった。――道が分からないのなら、／承知していますから、お連れしましょう。／わたしについて来られるのなら、／ときどき声をおかけします／糸杉の生えているあのいちばん下から／十字架の立つあの頂上まで……。／わたしは答えた。――それはそう……ですが奇妙です／盲いた人に案内を請うとは……。／すると彼女はわたしの手を摑み／嘆息していった。――踏み出しなさい。――それは信仰だった」。詩としては楽しいのですが、神学的には欠陥があります。信仰においては、偉大な舞台監督は神です。だから欠陥があるのです。イエスが「わたしをお遣わしになった父が引き寄せてくださらなければ、だれもわたしのもとへ来ることはできない」とおっしゃったとおりです。聖パウロには信仰がありませんでした。事実、パウロは信者たちを迫害していました。神は、ダマスコへと向かうパウロを待っておられました。「パウロ、暴れ馬のように、立ち上がろうとしたり、蹴ろうとしたりするな。わたしは、あなたが迫害しているイエスである。わたしにはあなたが必要だ。あなたは変わらなければならない」。パウロはひれ伏し、変わり、今までとはまったく異なる人生を歩み出しました。数年後、パウロはフィリピの信徒にあてて書くのです。「そのとき、ダマスコへ向かう途中、神はわたしを捕らえられました。それ以来、神に倣い、ますます神を愛して、わたしも神を理解することができるのかどうかを確かめるために、ただ神だけを追い求めてきました」。それこそが信仰というものです。神に身をゆだね、生き方を変えるということです。必ずしも簡単なことではありません。アウグスティヌスは自身の信仰の旅路について書いていますが、その最後の数週間は、とりわけすさまじいものです。読んでいると、魂が震え、内なる葛藤に身悶(もだ)えします。片方には、アウグスティヌスを呼んで語る神がおられ、もう片方では、以前からの習慣、「古なじみの女ども——と彼はそれを呼びます——（が）、わたしの肉の衣をこっそりとひっぱって、ひそかにこうささやくのでした。「あなたはわたしたちを捨てるおつもり?」「そうしたらあなたは、あのこともこのことも、できなくなるのよ。もう永遠に」」（山田晶訳、『世界の名著14　アウグスティヌス』中央公論社、一九六八年、二八三頁）。なんという苦悩でしょう。「わたしはそのとき——アウグスティヌスによれば——床に臥せている人のようでした。主はいいました。「床から出なさい、アウグスティヌス。起きなさい」。ですがわたしは「はい。でももう少しだけ」と答えました。しかしついに、主がわたしを引っ張り出してくださり、ようやく床を離れることができました」。いうまでもないことですが、「はい、でも」とも「はい、後で」ともいってはなりません。「はい、主よ。今すぐに」といわなければならないのです。これが信仰です。主に広い心でこたえてください。だれが「はい」といえるのでしょうか。謙遜さをもって、全き信頼を神に置く人ではありませんか。

子どものころ、母がよくいっていました。「小さかったあなたは、とても病気がちだったのよ。だからあちこちのお医者さんへ連れていって、一晩中看病をしなければならなかったの。お母さんを信頼している？」。「お母さんが信じられない」、そんなことはいえるわけがありません。「もちろん信じています。お母さんがいうことを信頼しています。だれよりもお母さんを信じています」

なのです。

それは信仰においても同様です。神が示してくださったことだけでなく、わたしたちを限りなく愛し、わたしたちへの愛ゆえにたくさんのことをしてくださる神ご自身を信じることが大切なのです。

真理が受け入れがたいこともあります。信仰の真理には二つの種類があるからで、わたしたちの精神にとって心地よいものもあれば、不快なものもあるのです。たとえば、イザヤ書がいうように、神はわたしたちにとって非常に優しい存在で、その優しさは母の子に対する以上のものである――これは心地のよいことです。何ともうれしく、気持ちがいいものです。フランスにデュパンルー（訳注：Félix Dupanloup、一八〇二―一八七八年、オルレアンの司教）という立派な司教がいました。神学校の校長たちに「将来の司祭たちに対して、父であるとともに、母でもあってください」とつねづね語っていました。これは快く受け入れられます。それに対して、別の真理は受け入れるのが難しいものです。もしわたしが真実抵抗するならば、神は罰せられるに違いないというものです。

神はわたしを追いかけ、回心を願いますが、わたしは「いいえ、回心しません」と答えます。まるで、わたしを罰するよう神に強いているかのようです。これは受け入れられません。しかし、それも信仰の真理です。そして、最後にもう一つ難しいものがあります。教会です。聖パウロの問い「主よ、あなたはどなたですか」への答えは、「わたしは、あなたが迫害しているイエスである」でした。

光が、稲光がパウロの心を貫きました。「わたしはイエスを迫害していないし、イエスを知りさえしない。わたしはただキリスト者を迫害しているだけだ」。イエスとキリスト者、イエスと教会が同じであることはお分かりでしょう。両者は分かちがたい、切り離しえないものなのです。

聖パウロのことば、「教会はキリストのからだである」に目を向けてみましょう。キリストと教会は、一つなのです。キリストが頭(かしら)で、わたしたち教会はキリストの手足なのです。ですから、信仰をもっていながら、「わたしはイエスを信じ、イエスを受け入れているが、教会は受け入れられない」ということはできないのです。それそのままに教会も受け入れなければなりません。では、教会とはどのようなものなのでしょうか。ヨハネ二十三世は、教会を「母であり師」（Mater et Magistra）と呼びました。先生でもあるのです。また、聖パウロは「人は自分をキリストに仕える者、神の秘められた計画をゆだねられた管理者と考えるべきです」といっています。

みすぼらしい教皇が、司教や司祭が、教理を示すとき、それはキリストを助けているに過ぎないのです。わたしたちの教理ではなく、キリストの教理なのです。ですから、それを管理し示しているだけなのです。ヨハネ二十三世が、一九六二年十月十一日に第二バチカン公会議を開催したとき、わたしも出席しました。あるときヨハネ二十三世は、「わたしたちはこの公会議によって、教会が躍進してくれることを願っている」といわれました。わたしたちは皆、そう願っていましたが、果たしてどのように躍進するのか。ヨハネ二十三世はすぐに、「確かな普遍の真理に基づいて」だといわれました。ヨハネ二十三世は、真理が前進し、徐々に変化していくものだなどとは、微塵（みじん）も考えていません。

それらは真理なのです。わたしたちは、その真理の道を歩んでいかなければならないのです。そして、真理をより深く理解し、わたしたち自身をつねに新しくし、現代に見合った方法で真理を示していかなければなりません。パウロ六世も同じ考えをおもちでした。パウロ六世が教皇就任後に真っ先に行ったのは、教皇公邸の専用聖堂に入ることでした。聖堂の後ろに、パウロ六世は、二つのモザイク画、聖ペトロと聖パウロの画を描かせました。死に瀕した聖ペトロと聖パウロの画です。聖ペトロの下にはイエスのことば、「ペトロ、わたしはあなたのために、信仰がなくならないように祈る」が書かれ、剣の一撃を受けている聖パウロの下には「わたしは、決められた道を走り通し、信仰を守り抜きました」と書かれています。ご存じのとおり六月二十九日の最後の演説でパウロ六世は、「十五年間教皇として、信仰を守り、貫き続けられたことを主に感謝したい」といわれました。

教会は母でもあります。教会がキリストであり続けるなら、キリストはよいかたなのですから、教会もだれにとってもよいものであるに違いありません。

しかし、教会にも悪い人がいるとしたらどうでしょう。自分の母親のことで、わたしたちはそれを知っています。自分の母親の体調が悪かったり、足をけがしてしまったりしたら、わたしはいっそう母親を愛します。教会も同じです。欠点や短所があったとしても、教会へのわたしたちの愛は揺らぎはしないのです。

最後に、昨日「チッタ・ヌォーヴァ（*Città Nuova*）」（訳注：フォコラーレ運動が関係するカトリック系の雑誌）の号外が送られてきたのですが、わたしのとても短い演説の中のあるエピソードが取り上げられていました。イギリスのマクナブ神父（訳注：Vincent McNabb、一八六八―一九四三年、アイルランドのドミニコ会司祭）がハイドパークで、教会について語った際のことです。彼が話を終えると、その場にいた人がいわせてほしいといって、「大変結構なおことばでしたが、わたしは、貧者に寄り添わず私腹を肥やしているカトリック司祭を幾人か知っている。妻を裏切っているカトリック信者の夫も知っている。こんな罪人たちの集まりである教会は好きじゃない」といいました。それに対し、神父はいいました。「あなたの言い分には一理ある。ですが、反論してもいいですか」。「うかがいましょう」。「間違っていたらごめんなさい。あなたのシャツの襟(えり)には油が少しついていませんか」。その人は答えます。「そうです。ついています」。「石鹸を使わなかったから油が落ちなかったのですか。それとも、石鹸を使っても落ちなかったのですか」。「石鹸を使わなかったのです」、その人はそう答えました。お分かりですね。カトリック教会にもすばらしい石鹸があります。福音、秘跡、祈りです。それを読み、それを生きる福音、正しく祝われる秘跡、しっかりとした祈りは、すばらしい石鹸となり、わたしたち皆を、聖人にしてくれるのです。けれども、わたしたちは皆、聖人ではありません。この石鹸を十分に使っていないからです。第二バチカン公会議を招集し実施した教皇、ヨハネ二十三世とパウロ六世の希望にこたえるよう努めましょう。そして、わたしたち自身がよりよい者となって、教会を改善していきましょう。わたしたち一人ひとり、そして教会全体で、わたしがいつも唱えている祈りを唱えましょう。「主よ、短所や欠点もある、ありのままのわたしを受け入れてください。

ですが、あなたが望まれるわたしになれますように」。

ここにおられる親愛なる病にある人たちにも、ことばをかけたいと思います。ご承知のとおり、イエスはおっしゃいました。「わたしはその人たちの後ろに隠れているのだ。だから、その人たちにしたことはわたしにしてくれたことなのである」。ですから、その人たちのうちにおられる主ご自身をあがめ、主がその人たちに寄り添い、助け、支えてくださるよう願うのです。

そして右のほうには、新婚のご夫婦たちがおられます。この皆さんは大きな秘跡を受けられました。彼らが受けた婚姻の秘跡が、この世の豊かさだけでなく、多くの霊的な恵みをもたらしてくれるよう願いましょう。前世紀のフランスに、フレデリック・オザナム（訳注：Frédéric Ozanam、一八一三―一八五三年。貧しい人に仕える活動団体、聖ヴィンセンシオ・ア・パウロ会の創立者）という偉大な大学教授がいました。ソルボンヌ大学で教え、とても雄弁で、才能にあふれた人でした。友人のラコルデール（訳注：Henri Lacordaire、一八〇二―一八六一年、ドミニコ会司祭）はいいました。「オザナムは才能豊かで、実に優秀だ。彼は司祭となり、そして司教になるだろう」。そうではありませんでした。オザナムは素敵な少女に出会い、結婚しました。ラコルデールは失望していいました。「哀れなオザナムよ。彼もまた罠(わな)にはまったのだ」。しかしその二年後、ラコルデールはローマへ行き、ピオ九世に迎えられました。「ラコルデール神父、来てください」。教皇はいいます。「イエスは七つの秘跡を制定されたと以前から聞いてきましたが、そこにあなたが現れて、すべてを変えてしまうようです。あなたは、イエスは六つの秘跡と一つの罠を制定されたというのですか。違いますよね、ラコルデール神父。結婚は罠ではありません。偉大な秘跡です」。

ですから、ここにおられる新婚の皆さんに、今一度、お祝いのことばを送りましょう。主が祝福してくださいますように。

一般謁見講話　希望

一九七八年九月二十日（水）

ヨハネ二十三世がおっしゃった七つの「聖化のともしび」の二つ目は希望でした。今日は、このすべてのキリスト者が守るべき徳についてお話ししたいと思います。『神曲　天国編』（第二十四歌、二十五歌、二十六歌）においてダンテは、キリスト者としての試問を受けるイマジネーションを描いています。そうそうたる試験官が問いかけます。まずは「信仰はあるのか」と聖ペトロが尋ねます。続けて「希望はあるのか？」と聖ヤコブ。そして最後に「愛はあるのか」と聖ヨハネが問います。ダンテは「はい。信仰、希望、愛があります」と答え、それを証明し、見事に合格します。

わたしは、希望は守るべき徳だといいましたが、希望が難しく厳しいものだといいたいのではありません。そうではなく、希望を生きる人は、信頼と自分を捨てるという雰囲気の中を旅し、詩編作者とともにこういうのです。「主よ、あなたはわたしの岩、わたしの盾、わたしの砦、わたしの逃れ場、わたしのともしび、わたしの牧者、わたしの救い。彼らがわたしに対して陣を敷いてもわたしの心は恐れない。わたしに向かって戦いを挑んで来てもわたしには確信がある」。

「この詩編作者は狂信すぎやしないか。いつだってうまくいっているなんてことがあるの」と思われるのではないですか。いいえ、いつもよいわけではありませんでした。詩編作者もそれを分かっており、悪人が恵まれ、善人が虐げられることがしばしばあるともいっています。そしてそれについて、主に不満を述べさえしています。「神よ、沈黙しないでください。黙していないでください。静まっていないでください」。けれども、詩編作者の希望は変わらず、堅固で揺らぐことはありませんでした。聖パウロがアブラハムについて語ったことは、詩編作者と希望を持ち続けるすべての人に当てはまります。「彼は希望するすべもなかったときに、なおも望みを抱いて、信じた」（ローマ4・18）。

それでも皆さんは、「どうしてそのようなことがありえるのか」と問うでしょう。それは、三つの真理に固く結ばれているならば起こりうるのです。神は全能であり、神はわたしをとても愛してくださり、神は約束を必ず守ってくださるという真理です。そして、そのいつくしみ深い神こそが、わたしのうちに信頼の火をつけてくださるのです。ですから、孤独であるとか、無価値だとか、見捨てられたとかと感じることなく、いつの日か天の国へと導かれる救いの運命の中にあると思うことができるのです。ここでは詩編を取り上げました。聖人たちの書にも、同じように確かな信頼が息づいています。聖アウグスティヌスが復活祭の日に行った、アレルヤについての説教を読んでいただきたく思います。わたしたちは真のアレルヤを――おおよそ彼がいうには――天国で歌うでしょう。それは全き愛のアレルヤとなるでしょう。今は、愛に飢えた、つまり、希望のアレルヤなのです。

「もし、わたしがみじめな罪人ならば」と問う人もいるでしょう。そういう人には、何年も前に、わたしに告白をしてくれた見知らぬ女性に答えたのと同じ答えをしたいと思います。その女性は、道徳的に荒れ狂った人生を歩んできて、生きる気力を失っているといいました。わたしは「失礼ですが、おいくつですか」と尋ねました。「三十五です」。「三十五歳！　それならば、まだ四十年も五十年も生きて、たくさんのよいことができますね。ですから、今の自分を悔い改めて、過去を考えるのではなく、あなた自身を未来へ向け、神の助けを得て、新たに人生を歩んでください」。

その際、わたしは聖フランシスコ・サレジオのことばを引用しました。「わたしたちの愛すべき欠点」です。そしてこう説明しました。――神は、欠点は欠点であるがゆえに嫌われます。しかし一方で、神はその欠点を愛しておられるともいえるのです。なぜなら、神にとってはそのいつくしみを表す機会となり、わたしたちにとっては、謙遜さを保ち、隣人の欠点に理解を示し、それを受け入れる機会を与えてくれるからです。

だれもが、わたしがいうところの希望に共感してくれるわけではありません。たとえば、ニーチェはそれを「弱者の美徳」と呼びます。ニーチェは、それがキリスト者を、役立たずにし、孤立させ、屈服させ、世界の進歩とは無関係な者にしてしまうというのです。またある人は疎外ということばを用いて、それによってキリスト者は、人類の発展への闘いから目を背けているといいます。しかし、第二バチカン公会議はいいます。「キリスト教のメッセージは、世界の建設から人々の手を引かせ……るように誘うものではなく、むしろこれらを実行するよう、いっそう強く義務づけるものである」（『現代世界憲章』34。同39、57、および「すべての人にあてた公会議教父のメッセージ（一九六二年十月二十日）」参照）。

人間に関してあまりにも悲観的なキリスト者の発言や傾向が、何世紀もの間しばしば見られました。けれども、こうした主張は、教会によって非難され、多くの喜びに満ちた熱心な聖徒、キリスト教ヒューマニズム、サント＝ブーヴ（訳注：Charles Augustin Sainte-Beuve、一八〇四―一八六九年、フランス、ロマン主義の文芸評論家、小説家、詩人）が「柔軟な人々」と呼んだ苦行者たちや、包括的な神学によって忘れ去られていきました。たとえば、聖トマス・アクィナスは、楽しい会話（iucunditas）を美徳に加えました。つまり、聞いたり見たりしたことを、節度と良識をもって、楽しい笑顔に変える能力のことです（『神学大全』*Summa Theologiae*, II-IIae, q. 168, a. 2［渋谷克美訳、『神学大全22』創文社、一九九一年、三〇〇頁］参照）。こうした陽気さを、足場から転落し足を骨折したアイルランド人の左官工が示していると、教え子に話したことがあります。彼が病院に運ばれると、医師とシスターの看護師とが駆け寄ってきました。シスターが「お気の毒に。落ちてけがをなさったのね」というと、左官工は、「マザー、落ちたというのは不正確です。地面に着地したときに、けがをしたのです」。

聖トマス・アクィナスが、冗談をいうことや人を笑顔にすることは美徳であると説いたことは、キリストが説いた「よい知らせ」とも、聖アウグスティヌスが勧めた「喜び（hilaritas）」とも一致するものでした。トマスは、悲観論に打ち勝ち、キリスト者の生活を喜びで装い、人生の途上で出会う健全で純粋な喜びからも勇気を得るようにしなさいとわたしたちを招いています。

子どものころ、アンドリュー・カーネギー（訳注：Andrew Carnegie、一八三五―一九一九年、鉄鋼王と称されたアメリカの実業家）についての本を読んだことがありました。カーネギーはスコットランドに生まれ、後に両親とともにアメリカへ渡り、徐々に世界有数の富豪の一人となっていきました。彼はカトリック信者ではありませんでしたが、その人生における純粋で真の喜びについて、しつこいほど口にしたことばに感銘を受けました。カーネギーはいっています。「わたしは貧しい家庭に生まれましたが、子ども時代の記憶を億万長者の子どものそれと交換などしないでしょう。その子どもたちは、家庭の喜びの何を知っているでしょう。乳母、洗濯婦、料理人、教師、天使、聖人の役割を兼ねた、母の優しい姿の何を知っているでしょう」。彼はとても若いころ、ピッツバーグの紡績工場で、わずか五十六リラの月給で働いていました。ある夜に出納係は、彼にすぐに賃金を渡さず、待っているようにといいました。カーネギーは「わたしは解雇されるのだ」と震えていました。

ところが、実際は逆で、他の人に賃金を渡した後、出納係はカーネギーのところに来て、「アンドリュー、わたしは君の仕事ぶりに注目してきて、他の人よりも働きがあると思うに至った。だから、君の賃金を六十七リラに上げることにする」といったのです。カーネギーは急いで家に帰りました。母親はその昇給の話を聞き、喜んで涙を流しました。その何年も後にカーネギーはこう振り返っています。「わたしの莫大な資産すべてをもってしても、このときの十一リラの昇給に勝る喜びを与えてくれはしない」。

もちろん、こうした喜びは、よいことであり励みになるものですが、それを絶対的なものとしてはなりません。それらは何かしらのものに過ぎず、それがすべてではないのです。手段であって、究極的な目標ではありません。永遠なるものではなく、はかないものなのです。聖パウロは書いています。「キリスト者は、世の事にかかわっていても、かかわっていないかのようにすべきです。この世の有様は過ぎ去るからです」（一コリント7・31参照）。キリストがこういわれているとおりです。「何よりもまず、神の国と神の義を求めなさい」（マタイ6・33）。

最後に、一部の人々がキリスト教的だと主張する希望について触れたいと思います。それは、ある段階だけまでがキリスト教的なのです。説明させてください。わたしも第二バチカン公会議において、公会議教父たちの「現代人に送る公会議のメッセージ」に賛成票を投じました。そこにおいてわたしたちは述べています。――神的であるという本質的任務は、教会を人間らしくあらしめるという任務から免除するものではない。わたしは『現代世界憲章』に賛成票を投じましたが、回勅『ポプロールム・プログレシオ』が公布されたときには、感動し興奮しました。しかし、教会教導職は、自由、正義、平和、発展という大きな問題に対する解決策の提示と要請において、十分な主張はできないだろうと考えますし、カトリックの信徒は、そうした問題を解決するために、十分に闘うことはできないだろうと思います。そうではありますが、政治的、経済的、社会的解放が、イエス・キリストの救いと同一のものであると断言したり、神の国（Regnum Dei）を人間の国（Regnum hominis）と同一視したり、「レーニンのいるところがエルサレムである（Ubi Lenin ibi Jerusalem）」などといったりするのは誤りです。

フライブルクで開かれている第八十五回ドイツカトリック会議では、ここ数日「希望に満ちた未来」というテーマが取り上げられました。改善される「世界」について話し合われていたのですから、「未来」という語はまさにふさわしいものでした。しかし、「世界」の希望から個人の魂の希望へと考えを広げるなら、「永遠」についても話さなければなりません。オスティアの海岸での、アウグスティヌスとモニカの有名な会話があります。「過去を忘れ、未来にむかって思いをはせながら、……永遠の生命とはどのようなものであろうかと、たずねあっていました」（『告白』第九巻第十章〔山田晶訳、『世界の名著14　アウグスティヌス』中央公論社、一九六八年、三一三頁〕）。これはキリスト教の希望であり、ヨハネ二十三世が意図されたことであり、わたしたちがカテキズムをもって祈るときに意図することなのです。「わたしの神よ、わたしは、……永遠のいのちと、わたしがすべき、またしたいと思うよいわざをもってそれを得るために必要な恵みを、あなたのいつくしみゆえに希望します。主よ、わたしが永遠にあなたを喜びとすることができますように」。

一般謁見講話　愛

一九七八年九月二十七日（水）

「わたしの神よ、わたしは、すべてに超えて、心を尽くしてあなたを愛します。あなたは限りないいつくしみ、わたしたちの永遠の幸いだからです。またわたしは、あなたを愛するために、隣人を自分のように愛し、受けた侮辱をゆるします。主よ、わたしが、あなたをよりいっそう愛しますように」。これは、聖書のことばで飾られた、とてもよく知られた祈りです。母から教えてもらいました。今でも日に何度も唱えています。これからこの祈りについて教区のカテキスタのように、一語一語皆さんに説明したいと思います。

今日は、ヨハネ二十三世の「三つ目の聖化のともしび」、つまり、「愛」について考えましょう。「愛する」ということです。哲学のクラスで、教授がこんなことをおっしゃいました。「サンマルコ鐘楼を知っていますか。知っていますね。知っているということは、何らかのかたちで、それがあなたの頭の中に入ってきたことを意味します。つまり、物理的にはそれが元の場所にそのままにあったとしても、知識として描かれたほぼそのままのその像が、あなたの内部に刻まれたということです。対して、サンマルコの鐘楼を愛していますか、と問われたならどうでしょう。このときには、あなたの中に刻まれたその像が内側からあなたを押し、傾け、まさしく運び出して、あなたとあなたの精神とを、外にある鐘楼へと向かわせるのです」。要するに、愛するとは旅をすることと、愛する者へと向かって心をもって突進するということなのです。『キリストにならいて』ではこういわれています。「愛するものは飛翔し、馳り、愉快を感ずる」（第三巻第五章四［大沢章、呉茂一訳、岩波書店、一九六〇年、一一〇頁］）。

ですから、神を愛するとは、神へと向かう心の旅なのです。すばらしい旅です。子どものころ、ジュール・ヴェルヌ（訳注：Jules Gabriel Verne、一八二八―一九

○五年、ＳＦの父と称されるフランスの小説家）が描く旅行記に夢中になっていました（『海底二万マイル』、『月世界旅行』、『八十日間世界一周』などです）。ですが、神への愛の旅は、もっと魅力的なものです。聖人たちの生涯にそうした旅を見ることができます。たとえば、今日（九月二十七日）が記念日の聖ビンセンシオ・ア・パウロ司祭は、慈善のわざの巨星です。聖ビンセンシオは、父や母よりも神を愛し、彼自身は、囚人、病者、孤児、貧者の父となりました。また、聖ペトロ・クラヴェル司祭は、自らを完全に神にささげ、署名には「ペトロ、いつも黒人たちのしもべ」と書いていました。

神への愛の旅には犠牲が伴いますが、それによって歩みを止めてはなりません。イエスは十字架上におられます。イエスにキスをしたいですか。それを望むならば、十字架に顔を近づけて、主の頭のいばらの冠のトゲが刺さることを避けえないのです（聖フランシスコ・サレジオ『作品集』：*Œuvres*, éd. Annecy, t. XXI, p. 153参照）。善良な聖ペトロの姿を思わずにはいられません。彼は喜びに満ちたタボル山では得意げに「イエス万歳」と叫びますが、危険と苦難があったゴルゴダの丘では、イエスのそばに自分の姿を見せることさえしませんでした（同t.XV,p.140参照）。

神への愛は、神秘的な旅でもあります。つまり、神がまず先に動いてくださらなければ、わたしたちから始めることはできないのです。イエスはいわれました。「父が引き寄せてくださらなければ、だれもわたしのもとへ来ることはできない」（ヨハネ6・44）。聖アウグスティヌスは考えました。では人間の自由意志はどうなるのだろうか。しかし、その自由を創造し、お与えになられた神は、それを尊重しつつ、心を意図したところへ導かれる方法をご存じです。「意志によるのでは不十分であり、楽しさによってもあなたは引き寄せられる（parum est voluntate, etiam voluptate traheris）」。あなた自身が望むようにだけではなく、あなたがそれを楽しむようにも神は引き寄せてくださるのです（聖アウグスティヌス『ヨハネによる福音書講解説教』第二十六説教四［金子晴勇訳、『アウグスティヌス著作集24　ヨハネによる福音書講解説教(2)』教文館、一九九三年、四三―四四頁］）。

「心を尽くして」――。「尽くして」という表現に注目したいと思います。全体主義は、政治においてはよくないものです。一方、宗教においては、神へと向かうわたしたちの全体主義という、とてもよいものになります。「あなたは心を尽くし、魂を尽くし、力を尽くして、あなたの神、主を愛しなさい。今日わたしが命じるこれらのことばを心に留め、子どもたちに繰り返し教え、家に座っているときも道を歩くときも、寝ているときも起きているときも、これを語り聞かせなさい。さらに、これをしるしとして自分の手に結び、覚えとして額につけ、あなたの家の戸口の柱にも門にも書き記しなさい」（申命記6・5―9）と書かれています。この執拗に繰り返され、実践を促される「尽くす」という語は、まさにキリスト教的な最大限綱領主義の旗印となっています。そして、それは正しいのです。神はあまりにも偉大で、わたしたちがみじめなラザロのように、自分のわずかな時間とわずかな心の断片とをおささげするには、あまりにも多くをお受けになるに値するかたなのです。神ははかりしれないほど善なるかたで、わたしたちの永遠の幸せとなるかたです。神に比べれば、この世のお金、娯楽、成功などはよいことの断片に過ぎず、束（つか）の間の幸せの時間にすぎません。このようなものに多くをささげ、イエスにはほとんど何もささげないのなら、それは賢明とはいえません。

次に、「すべてに超えて」。ここでわたしたちは、神と人間、神とこの世とを直接比べることになります。わたしたちは「神か人間か」というのは正しくありません。わたしたちは「神も人間も」愛さねばなりません。しかし人間は、決して神を超えるものでもなければ、神に対抗できたり、神と同等であったりはしないのです。別の言い方をするなら、神の愛は普遍なるものですが、排他的ではありません。聖書には、ヤコブは聖なる者で（ダニエル3・35）、神に愛された（マラキ1・2、ローマ9・13）と記されています。また、ヤコブはラケルを妻とするため、七年間仕える身となったのですが、「彼女を愛していたので、それはほんの数日のように思われた」（創世記29・20）ともあります。聖フランシスコ・サレジオが、この部分に関して、少し注釈を残しています。「ヤコブはラケルを全身全霊で愛し、また神も全身全霊で愛しています。けれどもこれは、ヤコブがラケルを神であるかのごとく愛しているということでもなければ、ラケルを神のごときものとすることでもありません。ヤコブは何よりも、神を神として、自分を超えた超越者として愛しているのです。同様に、彼はラケルをほかでもない自分の妻として、自身と同等の存在として愛しています。ヤコブは、神を絶対かつ至高の、最大級の愛をもって愛し、ラケルを最高の夫としての愛で愛するのです。片方の愛は、他方の愛に反目するものではありません。なぜなら、ラケルへの愛は、神への愛の至上の優位性を侵すものではないからです」（聖フランシスコ・サレジオ『作品集』：*Œuvres*, éd. Annecy, t. V, p. 175）。

次に、「またわたしは、あなたを愛するために、隣人を愛し（ます）」の部分です。ここで、わたしたちは「双子」のような、切り離せない二つの愛を目の当たりにします。たやすく愛することのできる人がいます。ですが、好感のもてない人や自分を怒らせたり傷つけたりする人を愛するのは難しいことです。真に神を愛しているのであれば、わたしたちは彼らを神の子として愛せるのです。神がそれを求めておられるからです。イエスもまた、隣人の愛し方についてはっきりとおっしゃっています。感情だけでなく、行いをもって愛しなさいと。そして、それはこういうことなのだとおっしゃいました。「尋ねよう。「兄弟であるわたしが飢えていたときに食べさせてくれたか。病気のときに見舞いにきてくれたか」」（マタイ25・34以下参照）。

カテキズムでは、聖書のこれらやその他のことばを、七つの身体的な慈善のわざと七つの精神的な慈善のわざの両方のリストに載せています。けれども、これらのリストは完全ではありません。更新が必要でしょう。たとえば、飢餓に苦しむ人の問題というのは、現代ではこの人、あの人といった特定の個人のものではなく、人民全体の問題なのです。

わたしたちは皆、パウロ六世の偉大なことばを覚えています。「飢えた民は、今富める民に苦しいうめきを上げて呼びかけています。教会はこの苦しみの叫びの前に震えながら、皆さん一人ひとりが兄弟の訴えに愛をもってこたえるように求めています」（回勅『ポプロールム・プログレシオ』3）。これによって、正義が愛に加えられました。パウロ六世は、こうも述べているからです。「私有財産権は、だれにとっても無条件で絶対的な権利ではありません。他の人々が必要なものを欠いているというのに、自分の必要を満たす以上の財貨まで自分だけのために取っておくことはだれにも許されていません」（同23）。当然の帰結として、「軍拡競争に金を使い果たすということは、きわめて醜いことであります」（同53）。

これらの力強い表現に照らしてみれば、個人としても人民としても、イエスの命令である「自分のように」隣人を愛しなさいということから、わたしたちがどれほど離れているかがお分かりになるでしょう。

祈りの中のもう一つのおきては、「受けた侮辱をゆるします」です。あたかも主が、礼拝よりも、このゆるしを優先するようにとおっしゃっているかのようです。「だから、あなたが祭壇に供え物をささげようとし、兄弟が自分に反感をもっているのをそこで思い出したなら、その供え物を祭壇の前に置き、まず行って兄弟と仲直りをし、それから帰って来て、供え物をささげなさい」（マタイ5・23―24）。

祈りの最後のことばは、「主よ、わたしが、あなたをよりいっそう愛しますように」です。ここにも、神のおきてに対する従順があり、それは、わたしたちの心に成長への渇望をもたらすものです。わたしたちは、高床式住居、洞窟、古い時代の小屋から、家、マンション、高層ビルへと、また、徒歩や、ラバやラクダの背にまたがっての旅行から、馬車、電車、飛行機へと、移り変わってきました。そして、よりスピードを増した手段をもってさらなる発展を遂げ、いっそう先の目的に到達したいとの願望を抱いています。しかし、ここまで見てきたとおり、神を愛することも旅なのです。神はその旅路が、より熱心で、より完成されたものであるよう望まれています。神は神に付き従う者すべてに仰せになられます。「あなたがたは地の塩、世の光である」（マタイ5・13―14）、「あなたがたの天の父が完全であられるように、あなたがたも完全な者となりなさい」（マタイ5・48）。それは、神を少しではなく大いに愛すること、到達した地点で止まってしまうのではなく、神の助けを得て、さらに愛を突き進めていくことを意味するのです。

教皇ヨハネ・パウロ一世（アルビノ・ルチアーニ＝Albino Luciani）略歴

一九一二年　十月十七日、イタリア、ヴェネト州ベッルーノ県のフォルノ・ディ・カナーレ（現在のカナーレ・ダーゴルド）で、父ジョヴァンニ・ルチアーニと母ボルトラ・タンコンの間に生まれる。
十月十九日、アキーレ・ロンゾン神父により洗礼を受ける。
一九一八年　十月、小学校入学。
一九一九年　九月二十六日、ジョスエ・カッタロッシ司教より堅信を受ける。
一九二三年　十月、ベッルーノ県フェルトレの小神学校に入学。
一九二八年　十月、ベッルーノ県のグレゴリアン神学校に入学。
一九三四年　副助祭（下級叙階と呼ばれたものの一つで、一九七二年にパウロ六世自発教令『ミニステリア・クエダム（*Ministeria quaedam*）』により廃止された）に叙階。
一九三五年　二月二日、助祭に叙階。
七月七日、ベッルーノ県の聖ペトロ教会で司祭叙階。
七月九日、カナーレ・ダーゴルド小教区の助任司祭に任命される。

一九三七年　十二月十八日、アゴルド小教区の助任司祭として転任し、同地の鉱山工学専門学校の宗教学教師に任命される。
七月、ベッルーノ県のグレゴリアン神学校の副校長に任ぜられる（～一九四七年）。

一九四七年　二月二十七日、教皇庁立グレゴリアン大学で神学博士号を取得。学位論文は「アントニオ・ロズミーニ（福者、十九世紀イタリアの司祭）による人間の魂の起源」。
十一月、ジローラモ・ボルティニョン司教により、ベッルーノ教区の事務局長に任命される。

一九四八年　十二月十六日、教皇私室長官（一九六八年にパウロ六世自発教令『ポンティフィカーリス・ドムス（*Pontificalis Domus*）』により廃止された役職）に任命される。
同日、教区会議の秘書に任命される。
二月二日、ベッルーノ教区の副司教総代理に任命される。
同日、教区カテキスタ事務局の責任者に任命される。

一九四九年　十二月、『パンくずの教理（*Catechetica in briciole*）』出版。

一九五〇年　三月、博士論文を発刊。

一九五四年　二月六日、ベッルーノ教区の司教総代理に任命される。
一九五六年　六月三十日、司教座聖堂参事会員に任命される。
一九五八年　十二月十五日、教皇ヨハネ二十三世により、ヴィットリオ・ヴェネト教区の司教に任命される。
十二月二十七日、サンピエトロ大聖堂にて、教皇ヨハネ二十三世より司教叙階。
一九六二年　十月八日〜十二月八日、第二バチカン公会議第一会期出席。
一九六三年　九月二十八日〜十二月四日、第二バチカン公会議第二会期出席。
一九六四年　九月十三日〜十一月二十一日、第二バチカン公会議第三会期出席。
一九六五年　九月十三日〜十二月九日、第二バチカン公会議第四会期出席。
一九六六年　八月十六日〜九月二日、ヴィットリオ・ヴェネト教区の宣教活動として、アフリカのブルンジを司牧訪問。
一九六九年　十二月十五日、教皇パウロ六世により、ヴェネツィア教区の総大司教に任命される。
一九七〇年　二月一日、ヴィットリオ・ヴェネトの名誉市民権を授与される。
二月八日、ヴェネツィア教区総大司教に着座。

一九七一年　六月十二日〜十四日、スイス司牧訪問。フランス南東部サボアを経由し帰国。

　　　　　　九月二十八日〜十一月五日、世界代表司教会議第二回通常総会に出席。テーマ「司祭職と世界の正義」。

一九七二年　六月十二日〜十七日、イタリア司教協議会副会長に選出される。同職は一九七五年六月二日まで務める。

　　　　　　九月十六日、ヴェネツィアで教皇パウロ六世の訪問を受ける。

一九七三年　三月五日、枢機卿に叙任される。

一九七四年　九月二十七日〜十月二十六日、世界代表司教会議第三回通常総会に出席。テーマ「現代世界における福音宣教」。

一九七五年　五月十八日、ドイツ司牧訪問。

　　　　　　十一月六日〜二十一日、ブラジル司牧訪問。リオグランデ・ド・スル州の聖マリア州立大学から名誉学位を授与される。

一九七六年　一月、『ご高名なる——過去の偉人たちへの手紙（*Illustrissimi*）』出版。

一九七七年　九月三十日〜十月二十九日、世界代表司教会議第四回通常総会に出席。テーマ「現代のカテケージス」。

一九七八年　八月六日、教皇パウロ六世逝去。

八月十日、ローマに向け出発。

八月二十六日、教皇選挙（コンクラーベ）二日目に教皇に選出され、ヨハネ・パウロ一世を名乗る。

八月二十七日、ラジオメッセージにて、ウルビ・エト・オルビの祝福を送る。

九月三日、教皇就任ミサ。

九月二十八日、逝去。

十月四日、サンピエトロ広場にて、カルロ・コンファロニエリ枢機卿の司式により葬儀ミサ。

二〇二二年　九月四日、教皇フランシスコにより列福。

（聖座サイト掲載のバイオグラフィをもとにし、諸資料を参照して作成）

あとがき

三十三日――。これは、第二六三代ローマ教皇、ヨハネ・パウロ一世（アルビノ・ルチアーニ）の在位期間です。本書は、そのわずかな在位の間に行われた講話や説教を集めて構成したものです。

二〇二二年九月四日に、ヨハネ・パウロ一世は福者の列に加えられました。教皇フランシスコはその列福式ミサの説教において、「福音の喜びのうちに、妥協することなく、最後まで愛に生きた」、この先任者をたたえました。

二〇二〇年ころには、まもなく列福されるらしいとの話が聞かれ始めていました。本書の企画は当然そのころに持ち上がったわけですが、諸般の事情によりなかなか手がつけられず、今に至った次第です。

＊＊＊

ヨハネ・パウロ一世の後継となった聖ヨハネ・パウロ二世は、前任者への敬意からその名を選んだわけですが、ヨハネ・パウロ一世は、このような複合名を名乗った最初の教皇です。そして、通常は退位後、同じ名を名乗る教皇が生まれて初めて呼称されるはずであるのに、自ら「一世」と名乗っています（理由は諸説あるようです）。ちなみに、この例外があったため、現教皇フランシスコが就任した際、当初の各種報道で名前に「一世」が付されるという混乱が生じました。

ヨハネ・パウロ一世も、八月二十七日のお告げの祈りで述べているとおり（五六～五八頁）、前任者への敬意からその名を名乗りました。その後聖人の列に加えられるヨハネ二十三世とパウロ六世、第二バチカン公会議を招集した二人の教皇です。

ヨハネ・パウロ一世は、ヨハネ二十三世からパウロ六世へと引き継がれた仕事を自分もまた継承していくことを、使命として強く自覚していました。最初の祝福の際、教皇職において己が果たすべきこととして、次の六つの項目を挙げています（一七～二〇頁参照）。すなわち、①第二バチカン公会議の教えの継承、②教会法の改正、③福音宣教の新たな方法の模索、④エキュメニズム運動への取り組み、⑤現代世界との対話、⑥世界平和の維持・促進、です。②以下は、筆頭に挙げられている第二バチカン公会議の教えの継承と密接につながるものとして理解できます。

五十代前半で全四期の公会議に参加し、その数年後にはヴェネツィアの総大司教となって数度の世界代表司教会議（シノドス）を経験していくわけですから、カトリック教会の改革の流れ自体が、高位聖職者としての歩みとまさに重なるものであったわけです。教会刷新への、あふれんばかりの熱意を抱いていただろうことは容易に想像できます。

しかし、その実践に、三十三日という教皇在位は、あまりにも短すぎました。

＊＊＊

「微笑み（ほほえ）の教皇」、ヨハネ・パウロ一世はそう呼ばれました。七七ページにある子どものやり取りをネット上の動画で見たことがあるのですが、ニコニコと笑いかけているかと思えば、子どもが発した予想外の回答に目をまん丸くして驚いてみたり、わざと疑うような目で子どもを見つめてみたりと、その人間味あふれる姿は実に魅力的です。飾った感じがまったくなく、自然と醸（かも）し出されている優しさには、「庶民派」ということばが実にしっくりきます。教皇フランシスコが、一般謁見の際に壇上に上がってきてしまった子どもに向けた温かなまなざしとも相通じるものを感じます。

この庶民派教皇は、確かに教皇庁の改革を目指していたようです。教皇の輿（こし）や尊厳の複数（高位の身分にある者が、一人称に単数形ではなく複数形を用いること。Royal We）をやめようとしたけれども周囲に阻止された、といった話も伝わっています。

また本書をお読みいただければお分かりかと思いますが、講話の中に、教会とはあまり関係のない人や教会にやや批判的な人、さらには共産主義者まで引き合いに出したりもしています。こうしたところに、いささか型破りな革新性がうかがえます。

出身は北イタリアの山村の貧しい家庭であり、それがゆえ、つねに貧しい人に寄り添うことを自己の信条としていました。

ヴェネツィア総大司教への着座の際には、〝水の都〟としてそれまで慣例であった、大ゴンドラでの派手な現地入りをとりやめたそうです。また「不必要な教会の〝宝物〟を売り、その売り上げを障害者や福祉施設に寄付してもらいたい」といった要請を出したり、自分の金の指輪や十字架を売って、小児マヒ患者のグループに寄付したことなどもあったそうです（「聖母の騎士」一九七八年十一月号、聖母の騎士社）。

こうしたエピソードからも、教皇ヨハネ・パウロ一世は、教皇フランシスコの先駆者となりうる人であった、そのように思いたくもなります。

ヨハネ・パウロ一世が選んだモットーはHumilitas（フミリタス）＝「謙虚」でした。「候補者には、AクラスとBクラスとCクラスがあります。わたしはCクラスだと確信しています」。コンクラーベに先立って、ルチアーニ枢機卿はアメリカの記者にそう答えたのだそうです（「聖母の騎士」一九七八年十月号、聖母の騎士社）。

また、文学その他の芸術に関する知識も豊富で、そして何よりもユーモアを大切になさったかたです。こうした点にも、フランシスコ教皇と通じるものを感じます。

一九七六年に上梓（じょうし）した***Illustrissimi***（イッルストリッスィミ）（手紙等で用いる「ご高名なる」「令名高き」といった意のことば。邦訳なし）という書籍は、歴史上のさまざまな人物にあてた書簡形式の著作ですが、そのあて先が個性的です。ディケンズ、マーク・トウェイン、チェスタトン、シャルル・ペギー、トリルッサといった作家や詩人の名前が並ぶかと思えば、音楽家や発明家などもあり、さらにはペネロペやピノッキオといった神話や童話に登場する架空の人物すら挙がって、フランシスコ・サレジオ、ボナヴェントゥラ、アヴィラのテレジアといった聖人の名も連ねられ（本書収録の講話でも、フランシスコ・サレジオは何度も参照されています）、最後はイエスで結ばれるという、何とも豪華なラインナップです。心ない人から、これが枢機卿の仕事かと批判されたこともあったようですが、ピノッキオを愛するところなど、庶民派教皇のまさに面目躍如といったところでしょう。

＊＊＊

最後に、本文に訳注も付していますが、八月二十七日のお告げの祈りの講話で触れているパウロ六世との思い出（五七頁）について、簡単に紹介しておきます。

一九七二年九月十六日のことです。教皇パウロ六世は、ヴェネツィアの総大司教アルビノ・ルチアーニとその教区の信徒にあいさつすることを望み、国際聖体大会閉幕式のためウーディネ県アクイレイアへと向かう途次に、短い時間ながらもヴェネツィア訪問のスケジュールを組み込みました。

サンマルコ広場で歓迎行事は行われましたが、設置されたレッド・カーペット上で、パウロ六世は自分の赤いストラを外し、ルチアーニ総大司教の首にかけたのです。枢機卿への叙任を示唆するものであったと思われます。総大司教がややこわばった笑顔を浮かべた写真が残っていますから、「二万人を前に、わたしを真っ赤にさせるようなことをなさいました」という回想は、決して大袈裟に語ったわけではないでしょう。

そのルチアーニ総大司教が後に教皇になったため、これは預言的な行為だったのだと語る記者もいます。それはともかく、パウロ六世にとって、一九七三年三月に枢機卿に叙任したルチアーニ総大司教は、特別に目を注ぐべき存在だったのだろうと推測できます。コンクラーベでルチアーニに票を投じた枢機卿たちは、きっとそのことを理解し、ペトロの座を彼に託したのでしょう。

二〇二四年八月

カトリック中央協議会出版部

The Teachings of the Pope John Paul I

ペトロ文庫

教皇ヨハネ・パウロ一世講話集　定価はカバーに表示してあります

2024年9月28日　第1刷発行　日本カトリック司教協議会認可

著　者　教皇ヨハネ・パウロ一世
編訳者　カトリック中央協議会事務局
発　行　カトリック中央協議会
〒135-8585 東京都江東区潮見2-10-10 日本カトリック会館内
☎03-5632-4411（代表）、03-5632-4429（出版部）
https://www.cbcj.catholic.jp/

印刷　株式会社精興社　ISBN978-4-87750-254-6 C0116

ペトロ文庫発刊にあたって

カトリック中央協議会事務局長　酒井俊雄

カトリック中央協議会の主要な任務の一つは、カトリック教会の教義をひろめ、信者を教化育成し、布教の推進を円滑にするための業務および事業を行うことにあります。とくに、教皇および教皇庁、また日本カトリック司教協議会の公文書を日本のカトリック教会と社会に向けて提供し続けることは、当協議会の重要課題であると自覚しています。

この使命を遂行するため、ここにペトロ文庫を発刊することとなりました。ペトロは、十二使徒のかしらであり、ローマの初代司教であり、カトリック教会の初代教皇です。使徒たちの後継者である司教は、ペトロの後継者である教皇との交わりのうちに、人々に奉仕します。とりわけ、信仰と道徳に関して教えるとき、つまり教導職を果たすとき、この交わりは不可欠です。そこで、カトリック中央協議会が新たに発刊する文庫に、初代教皇の名をいただくこととといたしました。皆さまが教会公文書により親しむための一助となれば、望外の幸せです。

二〇〇五年十月